Fern Green

PORRIDGE

Gesund & fit in den Tag

Fern Green

PORRIDGE

Gesund & fit in den Tag

Fotos von Deirdre Rooney

INHALT

WAS IST EIGENTLICH PORRIDGE?

Porridge ist ein traditionelles Gericht aus Getreide, das meist warm serviert wird – ähnlich wie Hafergrütze. Während Hafergrütze aber aus grob zerkleinerten Haferkörnern gekocht wird, verwendet man für Porridge neben Hafer seit jeher auch andere Getreidearten wie Weizen, Reis oder Gerste. In letzter Zeit sind auch noch Amarant, Hirse, Quinoa, Emmer oder Buchweizen dazugekommen.

Regelmäßig zum Frühstück gegessen, entfaltet Porridge eine sehr gesunde Wirkung: Er enthält wertvolle Ballaststoffe und Proteine, die die Verdauung anregen, das Herz schützen und den Blutzuckerspiegel stabilisieren. Vor allem Hafer liefert lösliche und unlösliche Ballaststoffe. Die unlöslichen Ballaststoffe unterstützen den Nahrungstransport im Darm, die löslichen Ballaststoffe wirken regulierend auf den Blutzucker- und Cholesterinspiegel.

Die Zubereitung von Porridge ist unkompliziert: Das gewählte Getreide wird einfach in Pflanzendrinks, Milch oder Wasser gekocht, bis es weich ist. Probieren Sie sich durch die folgenden Rezepte und entdecken Sie Porridge vom warm servierten Klassiker bis hin zu den modernen Overnight Oats, die man kalt genießt.

Die einzelnen Rezepte verwenden unterschiedliche Getreidearten. Früchte, Nüsse und Körner steigern den Nährwert noch und machen den Porridge zu einem gesunden, ausgewogenen Frühstück.

Das erste Kapitel widmet sich dem klassischen, warm servierten Porridge. Bei der Zubereitung werden Buchweizen, Quinoa, Reis, Hirse oder Emmer einfach in Wasser oder Pflanzendrinks gegart und dann mit frischen Früchten oder Nüssen serviert.

Das zweite Kapitel stellt cremigen Porridge vor. Er wird ganz klassisch gekocht, danach aber noch im Mixer fein püriert. Mit dieser Konsistenz ist cremiger Porridge ein Mittelding zwischen traditionellem Porridge und modernem Smoothie.

Im dritten Kapitel geht es um die Overnight Oats. Dafür verrührt man Getreideflocken mit Fruchtsaft oder Pflanzendrink und lässt es über Nacht im Kühlschrank quellen. Am nächsten Morgen wird dieser Mix dann mit Joghurt gemischt. Overnight Oats erinnern an klassisches Müsli und schmecken besonders im Sommer, denn sie werden kalt serviert.

PORRIDGE FÜR DIE GESUNDHEIT

Jeden Tag ein Schälchen Porridge ist der Schlüssel zu einem gesunden, langen Leben. Sie bezweifeln das? Dann sehen Sie sich die Tabelle einmal genauer an. Die vielen Vorzüge von Porridge werden Sie schnell überzeugen.

ESSENZIELLE FETTSÄUREN	Porridge reguliert den Fettsäurehaushalt. Er ist wichtig für die Gesamtgesundheit und die Lebenserwartung.
BLUTDRUCK	Porridge trägt zur Regulierung des Blutdrucks bei.
MANGAN	Das im Porridge enthaltene Mangan wird vom Körper für die Energiegewinnung und für die Bildung von Bindegewebe benötigt.
ZINK	Porridge versorgt den Körper mit Zink. Dieses Spurenelement ist wichtig für gesundes Wachstum, sexuelle Entwicklung, Fortpflanzung und das Immunsystem.
VITAMIN E	Reich an Vitamin E schützt Porridge vor krebserregenden freien Radikalen.
FOLSÄURE	Mit seinem hohen Folsäuregehalt ist Porrigde ein ideales Frühstück für Schwangere.
KALORIEN	Porridge wird mit Vollkorngetreide zubereitet, das von Natur aus einen niedrigen Kaloriengehalt hat. Salz, Zucker oder sonstige Zusatzstoffe braucht er nicht.
BALLASTSTOFFE	Als ballaststoffreiches Gericht wirkt sich Porridge positiv auf die Verdauungstätigkeit aus. Der Darm arbeitet besser und die Bildung einer gesunden Darmflora wird gefördert. Die Zahl nützlicher Darmbakterien steigt, die der schädlichen nimmt ab.
KOMPLEXE KOHLENHYDRATE	Komplexe Kohlenhydrate und Ballaststoffe im Porridge spenden dem Körper lang anhaltend Energie und fördern die Konzentration.
PROTEINE	Mit seinen Proteinen stärkt Porridge das Immunsystem und unterstützt Wachstum und Reparaturprozesse.
ENTSÄUERUNG	Porridge auf der Basis von Hafer wirkt Übersäuerung entgegen und hilft, Giftstoffe auszuleiten.
HORMONE	Hafer im Porridge reguliert auch den Östrogen- und Testosteronhaushalt und fördert die Libido.

Kernige Haferflocken

Hirse

Naturreis

Quinoa

Amarant

Zarte Haferflocken

Roggen

Hirseflocken

GETREIDE-ABC

Die folgenden Getreidearten können Sie einzeln oder auch gemischt für Ihren Porridge verwenden. Alle sind sehr nährstoffreich. Servieren Sie zum Porridge dann nach Belieben noch frische Früchte oder Nüsse.

Amarant

Amarant ist reich an Proteinen, die vom Körper für das Wachstum und die Bildung von Zellen und Gewebe benötigt werden. Er enthält ein spezielles Peptid, das entzündungshemmend wirkt. Mit seinem hohen Kalziumgehalt stärkt Amarant außerdem die Knochen.

Hafer

Hafer enthält reichlich Beta-Glukan. Dieser Ballaststoff reguliert den Cholesterinspiegel und fördert damit die Gesundheit von Herz und Kreislauf. Außerdem wirkt Hafer stabilisierend auf den Blutzuckerspiegel – ein großer Vorteil für Diabetiker.

Hirse

Hirse ist ein wichtiger Magnesiumlieferant. Sie reguliert den Blutdruck und beugt Herzinfarkten vor. Außerdem sind die Körner oder Flocken reich an Kalium, das gefäßerweiternd wirkt und so ebenfalls zur Regulierung des Blutdrucks beiträgt.

Naturreis

Naturreis (auch brauner Reis) ist reich an den Spurenelementen Mangan und Selen. Mangan unterstützt den Fettstoffwechsel, Selen schützt vor Krebs und Herzerkrankungen. Naturreis enthält ebenso viele Ballaststoffe und Antioxidanzien wie Brombeeren oder Erdbeeren.

Quinoa

Streng genommen ist Quinoa gar kein Getreide. Die dunklen oder hellen Körner zählen zu den Pseudogetreiden. Darin stecken Vitamine, Mineralstoffe, organische Verbindungen und andere Nährstoffe, von denen die Gesundheit sehr profitiert. Aufgrund der antioxidativen Wirkung schützt Quinoa Herz, Leber, Nieren, Lunge und Bauchspeicheldrüse vor oxidativem Stress. Quinoa ist sehr proteinreich und enthält alle essenziellen Aminosäuren.

Roggen

Roggen enthält einen speziellen Ballaststoff, der sich im Magen mit Wassermolekülen verbindet und so schnell ein Sättigungsgefühl hervorruft. Zudem regt Roggen die Verdauung an, beugt Darmträgheit vor und wirkt lindernd bei Magenschmerzen und Magenkrämpfen.

KNUSPERTOPPINGS

Die knusprigen Toppings können Sie auf Vorrat zubereiten. In einem luftdicht schließenden Behälter gelagert, sind sie etwa 1 Woche haltbar.

Quinoa-Sonnenblumen-Crisp

Ergibt 120 g
4 EL Quinoa, 1 EL Sonnenblumenkerne und 1 EL Haferflocken in einer Pfanne bei mittlerer Hitze rösten, bis die Quinoakörner aufpoppen. Dann 1 EL Honig (oder Agavendicksaft) und 1 Prise Salz hinzufügen. Vom Herd nehmen, mischen und abkühlen lassen.

Buchweizen-Sesam-Streusel

Ergibt 70 g
4 EL Buchweizenflocken und 2 EL Sesam in einer Pfanne bei mittlerer Hitze rösten. Dann 1 EL Honig und 1 Prise Salz zufügen. Vom Herd nehmen, mischen und abkühlen lassen.

Leinsamen-Feigen-Granola

Ergibt 80 g
4 EL Leinsamen, 2 EL Haferflocken und 2 gewürfelte getrocknete Feigen in einer Pfanne bei mittlerer Hitze rösten, bis die Mischung aufpoppt. Jetzt 1½ EL Honig (oder Agavendicksaft) und 1 Prise Salz zufügen. Vom Herd nehmen, mischen und abkühlen lassen.

Walnuss-Mohn-Knusper

Ergibt 120 g
4 EL gehackte Walnusskerne, 2 EL Sonnenblumenkerne, 2 EL Kürbiskerne und 1 EL Mohn in einer Pfanne bei mittlerer Hitze rösten, bis die Kürbiskerne aufpoppen. Jetzt 1½ EL Honig (oder Agavendicksaft) und 1 Prise Salz zufügen. Vom Herd nehmen, mischen und abkühlen lassen.

Quinoa-Sonnenblumen-Crisp

Nüsse in Ahornsirup

Leinsamen-Feigen-Granola

Walnuss-Mohn-Knusper

Pistazien mit Honig

Ergibt 100 g
4 EL grob gehackte Pistazien, 2 EL Haferflocken und 2 EL Kürbiskerne in einer
Pfanne bei mittlerer Hitze rösten, bis
die Kürbiskerne aufpoppen. Alles noch
1 Minute weiterrösten, dann 1 EL Honig
(oder Agavendicksaft) und 1 Prise Salz
zugeben. Vom Herd nehmen, mischen
und abkühlen lassen.

Chia-Rosinen-Crunch

Ergibt 120 g
4 EL Chiasamen, 2 EL Haferflocken und
2 EL Rosinen in einer Pfanne bei mittlerer
Hitze rösten, bis sich die Rosinen aufblä-
hen. Jetzt 1½ EL Honig (oder Agavendicksaft) und 1 Prise Salz zufügen. Vom Herd
nehmen, mischen und abkühlen lassen.

Nüsse in Ahornsirup

Ergibt 100 g
4 EL Mandelblättchen, 2 EL grob gehackte
Haselnusskerne und 4 grob gehackte
Paranusskerne in einer Pfanne bei mittlerer Hitze rösten, bis sie bräunen, Dann
1½ EL Ahornsirup und 1 Prise Salz zufügen. Vom Herd nehmen, mischen, in eine
Schüssel umfüllen und abkühlen lassen.

Pekannüsse mit Zimt

Ergibt 120 g
4 EL grob gehackte Pekannusskerne,
2 EL Haferflocken und 1 EL Sonnenblumenkerne in einer Pfanne bei mittlerer Hitze rösten, bis sie duften. Dann
½ TL gemahlenen Zimt, 1 EL Honig und
1 Prise Salz zugeben. Vom Herd nehmen,
mischen und abkühlen lassen.

Buchweizen-
Sesam-Streusel

Pistazien mit Honig

Chia-Rosinen-
Crunch

Pekannüsse
mit Zimt

WARMER PORRIDGE

Klassischer Porridge ist ein perfekter Start in den Tag. Bei der Zubereitung wird das Getreide in Pflanzendrink oder Wasser weich gegart. Dazu kommen dann frische, gekochte oder getrocknete Früchte, Nüsse oder Samen und vielleicht noch etwas Joghurt oder Honig – schon steht ein gesundes und köstliches Frühstück auf dem Tisch. Entdecken Sie neue Ideen für die erste Mahlzeit des Tages.

Hafer, Tahin & Banane
Hafer & Birne • Hafer, Cranberrys & Mandeln
Hafer, Aprikosen & Honig
Hafer, Pflaume & Zimt • Hafer, Erdbeeren &
Kakao • Hafer, Hanf & Avocado
Hirse, Heidelbeer & Nuss • Hirse & Banane
Hirse & Feige • Hirse, Heidelbeer & Kokos
Hirse, Cashew & Pflaumen • Naturreis &
Chai-Gewürze • Schwarzer Reis & Kardamom
Reis, Kokos & Granatapfel • Reis, Mandeln &
Brombeeren • Quinoa, Vanille & Birne
Quinoa, Beeren & Kürbiskerne • Buchweizen,
Apfel & Dattel • Hafer, Gerste & Mandeln
Hafer & Beeren • Quinoa, Hafer & Kokos
Hafer, Roggen & Karotte • Dinkel,
Gerste & Banane • Emmer & Erdbeeren
Vier Getreide & Mandelmus • Paleo-Porridge &
Pflaumen • Buchweizen, Avocado & Feige
Buchweizen, Banane & Beeren • Buchweizen,
Protein & Vanille • Buchweizen & Leinsamen
Amarant, Birne & Safran • Amarant, Banane &
Dattel • Amarant, Beeren & Lavendel

HAFER, TAHIN & BANANE

Für 1 Person — Zubereitung: 5 Minuten, plus 10–15 Minuten Garen

ZUTATEN

50 g kernige Haferflocken • 250 ml Haferdrink
1 EL Kokosmilch • 1 EL Tahin (Sesammus) • 1 TL gemahlener Zimt

————————

TOPPING: 1 Banane, längs halbiert • 1 EL Zitronensaft
2 Tropfen Vanilleextrakt (oder 1 Msp. Vanillemark) • 1 EL Mandelmus
1 EL grob gehackte Mandeln

Bananen sind enorm reich an Kalium. Dieser Mineralstoff
stärkt Nerven und Muskeln.

FD *Fördert die Durchblutung*　**FV** *Fördert die Verdauung*　**M** *Mineralstoffreich*

Für das Topping den Backofen auf 180 °C vorheizen, ein Backblech mit
Backpapier belegen. Die Bananenhälften darauflegen. Zitronensaft und Vanille
verrühren, über die Banane träufeln und diese im Ofen in 10–15 Minuten
goldbraun backen. Inzwischen Haferflocken, Haferdrink, Kokosmilch und
Tahin in einem Topf unter Rühren in 10 Minuten cremig köcheln lassen. Den
Zimt einrühren und den Porridge in eine Schale füllen. Als Topping die
gebackene Banane, Mandelmus und Mandeln darauf anrichten.

HAFER & BIRNE

Für 2 Personen – Zubereitung: 5 Minuten, plus 10–15 Minuten Garen

ZUTATEN

90 g kernige Haferflocken • 250 ml Mandeldrink

———————

TOPPING: 1 Birne, geviertelt und entkernt
1 Prise gemahlener Kardamom • 1 TL Ahornsirup
2 EL Nüsse in Ahornsirup (s. S. 11)

Birnen enthalten viele sekundäre Pflanzenstoffe. Sie entfalten im Körper entzündungshemmende Eigenschaften.

FV *Fördert die Verdauung* **M** *Mineralstoffreich* **P** *Proteinreich*

Für das Topping den Backofen auf 220 °C vorheizen, ein Backblech mit Backpapier belegen. Die Birnenviertel darauflegen, mit Kardamom bestreuen und mit Ahornsirup beträufeln. Im Ofen 8–10 Minuten backen. Inzwischen Haferflocken und Mandeldrink in einem Topf in 10–15 Minuten cremig köcheln lassen. Den Porridge in zwei Schalen füllen. Als Topping die gebackene Birne und die Nüsse in Ahornsirup darauf anrichten.

HAFER, CRANBERRYS & MANDELN

Für 1 Person – Zubereitung: 5 Minuten, plus 5–10 Minuten Garen

ZUTATEN

50 g kernige Haferflocken • 300 ml Haferdrink • 25 g getrocknete Cranberrys
1 TL Chiasamen • ½ TL gemahlener Zimt

TOPPING: 1 Mandarine, in Segmente geteilt
1 TL getrocknete Cranberrys • 1 EL grob gehackte Mandeln

Getrocknete Cranberrys haben kaum Fett und Kalorien, dafür aber viele Ballaststoffe, die die Verdauung unterstützen.

FV *Fördert die Verdauung* **SI** *Stärkt das Immunsystem* **V** *Vitaminreich*

Haferflocken, Haferdrink, Cranberrys, Chiasamen und Zimt in einem Topf aufkochen und bei schwacher Hitze in 5–10 Minuten cremig köcheln lassen. Dabei gelegentlich umrühren. Den Porridge in eine Schale füllen. Als Topping Mandarinenstücke, Cranberrys und Mandeln darauf anrichten.

HAFER, APRIKOSEN & HONIG

Für 1 Person – Zubereitung: 10 Minuten, plus 10 Minuten Garen

ZUTATEN

250 ml Mandeldrink • 50 g kernige Haferflocken • 2 EL Honig (am besten Rohhonig) • 1 EL grob gehackte Mandeln • 1 EL Rosinen

---

TOPPING: 200 g Aprikosen, halbiert • 1 Vanilleschote, längs halbiert 40 ml Honig (am besten Rohhonig) • 1 TL getrockneter Lavendel (nach Belieben) • 1 EL gehackte Haselnüsse • 1 TL Bienenpollen

Mandeln versorgen den Körper mit Mineralstoffen wie Kalzium, Magnesium und Phosphor.

EH *Entzündungshemmend*　**P** *Proteinreich*　**SK** *Stärkt die Knochen*

Den Mandeldrink in einem Topf aufkochen. Haferflocken und Honig zugeben und bei schwacher Hitze 8–10 Minuten köcheln lassen. Dann Mandeln und Rosinen einrühren. Inzwischen für das Topping Aprikosen, Vanilleschote, Honig, nach Belieben Lavendel und 2 EL Wasser in einem zweiten Topf bei schwacher Hitze 10 Minuten köcheln lassen, bis die Früchte weich sind. Den Porridge in eine Schale füllen. Als Topping die Aprikosen mit Sud, Nüssen und Pollen darauf anrichten.

HAFER, PFLAUME & ZIMT

Für 1 Person — Zubereitung: 5 Minuten, plus 10 Minuten Garen

ZUTATEN

250 ml Mandeldrink • 50 g kernige Haferflocken
1 EL Chiasamen • 1 TL gemahlener Zimt • 1 Prise Salz

TOPPING: 1 Pflaume, geviertelt • 1 EL Ahornsirup
1 Prise gemahlener Zimt • 1 EL grob gehackte Pistazien
1 TL geschälte Hanfsamen • 1 EL Cashewmus

Zimt ist reich an Antioxidanzien, die den Körper vor Schäden
durch freie Radikale schützen.

P Proteinreich **SE** *Spendet Energie* **V** *Vitaminreich*

In einem Topf den Mandeldrink aufkochen. Haferflocken, Chiasamen, Zimt
und Salz einrühren und alles bei schwacher Hitze in 8–10 Minuten cremig
köcheln lassen. Inzwischen für das Topping Pflaumenviertel, Ahornsirup,
Zimt und 2 EL Wasser in einem zweiten Topf bei schwacher Hitze 3 Minuten
köcheln lassen. Den Porridge in eine Schale füllen und als Topping
Pflaume, Pistazien, Hanfsamen und Cashewmus darauf anrichten.

HAFER, ERDBEEREN & KAKAO

Für 1 Person — Zubereitung: 5 Minuten, plus 10 Minuten Garen

ZUTATEN

180 ml Kokosmilch • 50 g kernige Haferflocken

TOPPING: 1 EL gehackte Haselnüsse, geröstet • ½ EL Gojibeeren
½ EL Kürbiskerne, geröstet • ½ EL Sonnenblumenkerne, geröstet
1 EL Mandelmus • 4 Erdbeeren, halbiert • ½ TL Kakaopulver

Erdbeeren liefern sehr viel Vitamin C. Dieses Vitamin wirkt antioxidativ und stärkt das Immunsystem.

EH *Entzündungshemmend* **P** *Proteinreich* **V** *Vitaminreich*

Kokosmilch und 125 ml Wasser in einem Topf aufkochen. Die Haferflocken zugeben und bei schwacher Hitze in 8–10 Minuten cremig köcheln lassen. Den Porridge in eine Schale füllen. Als Topping Nüsse, Gojibeeren, Kürbis- und Sonnenblumenkerne, Mandelmus und Erdbeeren darauf anrichten. Mit Kakaopulver bestreut servieren.

HAFER, HANF & AVOCADO

Für 1 Person − Zubereitung: 5 Minuten, plus 10 Minuten Garen

ZUTATEN

50 g kernige Haferflocken • 1 Eiweiß • ½ TL Mohn
½ TL Vanilleextrakt (oder 1 Msp. Vanillemark) • 1 Prise Salz

─────────────

TOPPING: ½ Avocado, in Scheiben geschnitten • 5 Himbeeren
1 TL geschälte Hanfsamen

Avocados enthalten neben Vitamin E auch wichtige Mineralstoffe
und Spurenelemente wie Kalium und Eisen.

 **EH** *Entzündungshemmend* **GH** *Gut für die Haut* **SK** *Stärkt die Knochen*

In einem Topf 375 ml Wasser aufkochen. Die Haferflocken zugeben und bei
schwacher Hitze in 8–10 Minuten cremig köcheln lassen. Dabei gelegentlich
umrühren. Dann Eiweiß, Mohn, Vanille und Salz einrühren. Den Porridge in
eine Schale füllen. Als Topping Avocadoscheiben, Himbeeren und
Hanfsamen darauf anrichten.

HIRSE, HEIDELBEER & NUSS

Für 1 Person – Zubereitung: 5 Minuten , plus 15–20 Minuten Garen

ZUTATEN

4 EL Hirse • 200 ml Haselnussdrink
2 TL Kokosblütenzucker • 1 Prise Salz

TOPPING: 1 Handvoll Heidelbeeren • 1 EL Mandelmus
1 EL grob gehackte Haselnüsse • 1 TL Kakaonibs

Heidelbeeren sind reich an Anthocyanen. Von diesen sekundären Pflanzenstoffen profitiert besonders die reifere Haut.

 **GH** *Gut für die Haut* **P** *Proteinreich* **V** *Vitaminreich*

In einem Topf 200 ml Wasser aufkochen. Die Hirse zugeben und bei schwacher Hitze 5–8 Minuten köcheln lassen. Dann den Haselnussdrink langsam unterrühren. Zucker und Salz zufügen und die Hirse noch 10 Minuten quellen lassen. Den Porridge in eine Schale füllen. Als Topping Heidelbeeren, Mandelmus, Nüsse und Kakaonibs darauf anrichten.

HIRSE & BANANE

Für 1 Person — Zubereitung: 5 Minuten, plus 15–20 Minuten Garen

ZUTATEN
4 EL Hirse • 200 ml Sojadrink
½ Banane, zerdrückt • ½ TL gemahlener Zimt • 1 Prise Salz

TOPPING: ½ Banane, in Scheiben geschnitten
1 EL Walnuss-Mohn-Knusper (s. S. 10)

Walnüsse sind Powerfood. Ihre Kerne enthalten Vitamin E, Folsäure, Melatonin und Omega-3-Fettsäuren.

 **G** *Stärkt das Gehirn* **SE** *Spendet Energie* **SI** *Stärkt das Immunsystem*

In einem Topf 180 ml Wasser aufkochen. Die Hirse zugeben und bei schwacher Hitze 5–8 Minuten köcheln lassen. Dann den Sojadrink langsam unterrühren und die Hirse noch 10 Minuten quellen lassen. Zerdrückte Banane, Zimt und Salz einrühren und den Porridge in eine Schale füllen. Als Topping Bananenscheiben und Walnuss-Mohn-Knusper darauf anrichten.

HIRSE & FEIGE

Für 1 Person – Zubereitung: 5 Minuten, plus 15–20 Minuten Garen

ZUTATEN
4 EL Hirse • 200 ml Mandeldrink
1 Prise gemahlener Ingwer • 1 Prise Salz

TOPPING: 1 Feige, geviertelt • 1 Handvoll grob gehackte Pistazien
½ TL Chiasamen • ½ TL geschälte Hanfsamen
2 EL Honig (am besten Rohhonig)

Feigen enthalten die Vitamine A, B_1, B_2 sowie weitere Nährstoffe
wie Kalzium, Eisen und Phosphor.

FV *Fördert die Verdauung*   **M** *Mineralstoffreich*   **P** *Proteinreich*

Für das Topping den Backofen auf 170 °C vorheizen, ein Backblech mit Backpapier belegen. Die Feigenviertel darauflegen und im Ofen in 8–10 Minuten
weich garen. Inzwischen Pistazien, Chiasamen, Hanfsamen und 1 EL Honig in
einer Pfanne 2 Minuten rösten. In einem Topf 180 ml Wasser aufkochen. Die
Hirse zugeben und bei schwacher Hitze 5–8 Minuten köcheln lassen. Dann den
Mandeldrink langsam unterrühren und die Hirse noch 10 Minuten quellen
lassen. Ingwer und Salz einrühren und den Porridge in eine Schale füllen.
Darauf als Topping gebackene Feige und geröstete Pistazien anrichten und
mit dem restlichen Honig (1 EL) beträufeln.

HIRSE, HEIDELBEER & KOKOS

Für 1 Person – Zubereitung: 5 Minuten, plus 15–20 Minuten Garen

ZUTATEN

4 EL Hirse • 200 ml Kokosmilch
1 EL Heidelbeeren • ½ TL gemahlener Kardamom • 1 Prise Salz

TOPPING: 1 EL Heidelbeeren • 1 EL Mandelmus
1 EL Kokoschips, geröstet • 1 EL grob gehackte Mandeln • 1 EL Ahornsirup

Hirse ist glutenfrei. Die kleinen Körnchen wirken basenbildend, sind leicht verdaulich und enthalten beruhigendes Serotonin.

 **P** *Proteinreich* **SI** *Stärkt das Immunsystem* **V** *Vitaminreich*

In einem Topf 180 ml Wasser aufkochen. Die Hirse zugeben und bei schwacher Hitze 5–7 Minuten köcheln lassen. Dann die Kokosmilch langsam unterrühren und die Hirse noch 10 Minuten quellen lassen. Heidelbeeren, Kardamom und Salz untermischen und den Porridge in eine Schale füllen. Als Topping Heidelbeeren, Mandelmus, Kokoschips und Mandeln darauf anrichten. Mit Ahornsirup beträufelt servieren.

HIRSE, CASHEW & PFLAUMEN

Für 1 Person – Zubereitung: 5 Minuten, plus 12–15 Minuten Garen

ZUTATEN

4 EL Hirseflocken • 225 ml Cashewdrink • ½ TL gemahlener Zimt • 1 Prise Salz

---

KOMPOTT: 3 kleine Pflaumen, halbiert • 1 EL Kokosblütenzucker
Saft von ½ Zitrone • ½ TL frisch geriebener Ingwer

TOPPING: 1 Feige, geviertelt • 1 EL grob gehackte Pistazien
1 EL Kokoschips, geröstet • ½ TL Goldleinsamen • ½ TL Kakaonibs

Pflaumen punkten gleich mit mehreren gesunden Inhaltsstoffen. Sie sind reich an Folsäure und enthalten die Vitamine A, C und K.

EH *Entzündungshemmend* **SI** *Stärkt das Immunsystem* **V** *Vitaminreich*

Für das Kompott Pflaumen, Zucker, Zitronensaft und Ingwer in einem Topf bei schwacher Hitze 5–8 Minuten garen. Dann abkühlen lassen. Inzwischen in einem zweiten Topf Hirseflocken, Cashewdrink, Zimt und Salz bei schwacher Hitze 12–15 Minuten unter Rühren köcheln lassen, bis die Hirse ausgequollen ist. Den Porridge in eine Schale füllen und das Pflaumenkompott daraufgeben. Als Topping Feigenviertel, Pistazien, Kokoschips, Leinsamen und Kakaonibs darauf anrichten.

NATURREIS & CHAI-GEWÜRZE

Für 1 Person – Zubereitung: 5 Minuten, plus 10 Minuten Garen

ZUTATEN

50 g gegarter Rundkorn-Naturreis (25 g roh) • 100 ml Mandeldrink
1 TL geschroteter Leinsamen • 2 Tropfen Vanilleextrakt (oder
1 Msp. Vanillemark) • ½ TL gemahlener Zimt • 1 Scheibe Ingwer
1 EL Honig (am besten Rohhonig)

TOPPING: 1 Handvoll Himbeeren, zur Hälfte in Kurkuma gewälzt
1 TL grob gehackte Mandeln • 1 TL grob gehackte Pistazien
1 TL Bienenpollen • 1 TL gemahlene Kurkuma

Naturreis ist reich an Ballaststoffen, die zur Regulierung
des Blutzuckerspiegels beitragen.

EH *Entzündungshemmend*　**G** *Stärkt das Gehirn*　**M** *Mineralstoffreich*

Reis, Mandeldrink, Leinsamen, Vanille, Zimt und Ingwer in einem Topf
mischen und bei sehr schwacher Hitze 10 Minuten ziehen lassen, bis der Reis
cremig ist. Bei Bedarf noch etwas Mandeldrink unterrühren. Den Porridge in
eine Schale füllen und mit dem Honig beträufeln. Als Topping Himbeeren,
Mandeln, Pistazien und Bienenpollen darauf anrichten. Mit Kurkuma
bestäubt servieren.

SCHWARZER REIS & KARDAMOM

Für 2 Personen – Zubereitung: 5 Minuten, plus 10 Minuten Garen

ZUTATEN

100 ml Haselnussdrink • 100 g gegarter Schwarzer Reis
1 Banane, zerdrückt • Saft von ½ Limette • 1 TL gemahlener Kardamom
½ TL Vanilleextrakt (oder 1 Msp. Vanillemark)

TOPPING: ½ Mango, püriert • 2 TL Gojibeeren
2 TL grob gehackte Pistazien • 2 TL Kokosraspel • 2 EL Kokosjoghurt

Verglichen mit anderen Reissorten ist Schwarzer Reis besonders nahrhaft. Er enthält viele Mineralstoffe und reichlich Eisen.

P *Proteinreich* **SI** *Stärkt das Immunsystem* **V** *Vitaminreich*

Den Nussdrink in einem Topf bei schwacher Hitze erhitzen. Langsam den Reis einrühren und erwärmen. Banane, Limettensaft, Kardamom und Vanille unterheben. Den Porridge in zwei Schalen füllen. Als Topping Mangopüree, Gojibeeren, Pistazien, Kokosraspel und Kokosjoghurt darauf anrichten.

REIS, KOKOS & GRANATAPFEL

Für 1 Person — Zubereitung: 5 Minuten, plus 5 Minuten Garen

ZUTATEN

125 ml Kokosmilch • 1 Prise Salz • 50 g gegarter Thai-Reis (25 g roh)

___

TOPPING: 1 EL Granatapfelkerne • 1 TL geschälte Hanfsamen
1 EL Leinsamen-Feigen-Granola (s. S. 10) • 1 EL Ahornsirup
1 Prise gemahlener Zimt

Granatapfelkerne sind besonders reich an Antioxidanzien. Damit unterstützen sie im Körper unter anderem den Blutkreislauf.

EH *Entzündungshemmend*   **SI** *Stärkt das Immunsystem*   **V** *Vitaminreich*

Kokosmilch und Salz in einem Topf erhitzen. Den Reis in eine Schale füllen, mit der heißen Kokosmilch übergießen und warm werden lassen. Als Topping Granatapfelkerne, Hanfsamen und Leinsamen-Feigen-Granola auf dem Porridge anrichten. Mit Ahornsirup beträufeln und mit Zimt bestäubt servieren.

REIS, MANDELN & BROMBEEREN

Für 1 Person − Zubereitung: 5 Minuten, plus 15–20 Minuten Garen

ZUTATEN

120 ml Mandeldrink • 30 g Rundkornreis • 1 EL gehackte blanchierte Mandeln
½ TL Vanilleextrakt (oder 1 Msp. Vanillemark)
40 g gegarter Naturreis (20 g roh)

TOPPING: 6 Brombeeren • Saft von ½ Zitrone • 1 EL Ahornsirup
½ EL grob gehackte Haselnüsse, geröstet
1 TL Kakaonibs • ½ TL Kürbiskerne

Brombeeren enthalten verschiedene Antioxidanzien und besitzen damit
entzündungshemmende Eigenschaften.

FD *Fördert die Durchblutung* **SE** *Spendet Energie* **SK** *Stärkt die Knochen*

Mandeldrink, Rundkornreis, Mandeln und Vanille in einem Topf bis zum
Siedepunkt erhitzen. Den Reis bei schwacher Hitze noch 10–15 Minuten
quellen lassen, dabei regelmäßig umrühren. Dann den Naturreis einrühren.
Für das Topping Brombeeren, Zitronensaft und Ahornsirup in einem zweiten
Topf 3 Minuten erhitzen. Den Porridge in eine Schale füllen. Als Topping die
warmen Brombeeren, Nüsse, Kakaonibs und Kürbiskerne darauf anrichten.

QUINOA, VANILLE & BIRNE

Für 2 Personen – Zubereitung: 5 Minuten, plus 15–20 Minuten Garen

ZUTATEN

90 g Quinoa, abgespült • 375–500 ml Mandeldrink
½ EL Reissirup (oder Honig, am besten Rohhonig)
Mark von 1 Vanilleschote • ½ TL gemahlener Zimt

TOPPING: 1 Birne, entkernt und in dünne Spalten geschnitten
Saft von ½ Orange • ½ TL Reissirup (oder Honig, am besten Rohhonig)
1 Prise gemahlener Zimt • 1 EL grob gehackte Mandeln • 1 EL Kürbiskerne

Quinoa ist eine ausgezeichnete Proteinquelle, denn sie enthält
alle essenziellen Aminosäuren.

EH *Entzündungshemmend*   **FV** *Fördert die Verdauung*   **V** *Vitaminreich*

Quinoa und 375 ml Mandeldrink oder Wasser in einem Topf erhitzen und
bei mittlerer Hitze 10 Minuten unter gelegentlichem Rühren garen. Bei Bedarf
noch etwas Flüssigkeit zugießen. Reissirup, Vanille und Zimt einrühren und
die Quinoa zugedeckt noch 5–8 Minuten quellen lassen. Inzwischen für das
Topping Birne, Orangensaft, Reissirup und Zimt in einer kleinen Pfanne
5 Minuten köcheln lassen, bis der Saft sirupartig und die Birne weich ist. Den
Porridge in zwei Schalen füllen. Als Topping Birne samt Sirup, Mandeln und
Kürbiskerne darauf anrichten. Mit Zimt bestäubt servieren.

QUINOA, BEEREN & KÜRBISKERNE

Für 1 Person – Zubereitung: 5 Minuten, plus 10 Minuten Garen

ZUTATEN

50 g Quinoa, abgespült • 50 ml Haselnussdrink
1 EL Gojibeeren • 1 Zimtstange

TOPPING: 1 EL gemischte Beeren • 1 TL Açaípulver
1 TL geschälte Hanfsamen • 1 TL Kürbiskerne

Gojibeeren sind kleine Nährstoffbomben. So besitzen sie beispielsweise den höchsten Proteingehalt aller Früchte.

GH *Gut für die Haut* P *Proteinreich* V *Vitaminreich*

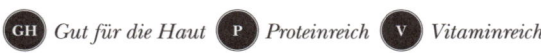

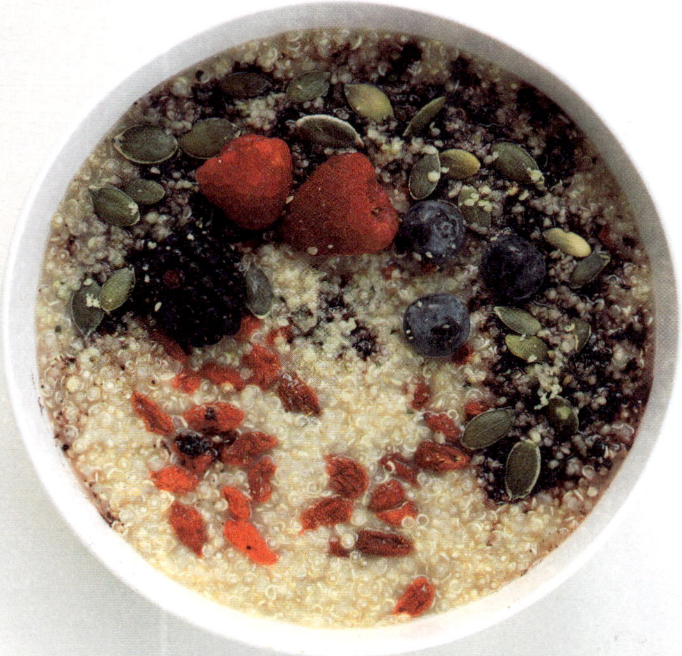

Quinoa, Haselnussdrink, Gojibeeren, Zimtstange und 100 ml Wasser in einem Topf erhitzen. Dann bei bei mittlerer Hitze 10 Minuten garen, bis die Quinoa ausgequollen ist. Die Zimtstange herausnehmen und den Porridge in eine Schale füllen. Als Topping Beeren, Açaípulver, Hanfsamen und Kürbiskerne darauf anrichten.

BUCHWEIZEN, APFEL & DATTEL

Für 1 Person — Zubereitung: 5 Minuten, plus 15 Minuten Garen

ZUTATEN

75 g Buchweizengrütze, 15 Minuten in Wasser eingeweicht
120 ml Mandeldrink • ½ Apfel mit Schale, entkernt und in Würfel geschnitten
1 EL Goldleinsamen • 2 TL Sonnenblumenkerne
2 EL Tahin (Sesammus) • 1 getrocknete Medjool-Dattel, entsteint und gewürfelt

———————

TOPPING: ½ Apfel mit Schale, entkernt und in Würfel geschnitten
1 EL grob gehackte Walnüsse • 1 EL Nüsse in Ahornsirup (s. S. 11)
1 EL Dattelsirup • ½ TL gemahlener Zimt

Sonnenblumenkerne sind reich an Vitamin E. Damit fördern sie die Durchblutung und regen die Bildung roter Blutkörperchen an.

M *Mineralstoffreich* **P** *Proteinreich* **V** *Vitaminreich*

Die Buchweizengrütze abspülen und abtropfen lassen. Mit Mandeldrink, Apfel, Leinsamen und Sonnenblumenkernen in einem Topf aufkochen und bei mittlerer Hitze in 15 Minuten cremig köcheln lassen. Dabei regelmäßig umrühren und bei Bedarf noch etwas Wasser zugießen. Tahin und Dattel einrühren und den Porridge in eine Schale füllen. Als Topping Apfelwürfel, Walnüsse und Nüsse in Ahornsirup darauf anrichten. Mit dem Dattelsirup beträufeln und mit Zimt bestäubt servieren.

HAFER, GERSTE & MANDELN

Für 1 Person – Zubereitung: 5 Minuten, plus 5 Minuten Garen

ZUTATEN

45 g kernige Haferflocken • 2 EL Gerstenflocken
150 ml Mandeldrink • 1 EL gemahlene Mandeln

―――――――

TOPPING: 3 EL Heidelbeeren • 1 TL Mandelmus
1 EL grob gehackte Mandeln • 1 TL geschälte Hanfsamen
1 TL Bienenpollen

Mit ihren einfach ungesättigten Fettsäuren entfalten Mandeln im Körper eine schützende Wirkung für das Herz.

EH *Entzündungshemmend* **P** *Proteinreich* **V** *Vitaminreich*

Hafer- und Gerstenflocken, Mandeldrink und 50 ml Wasser in einem Topf unter Rühren aufkochen. Dann bei schwacher Hitze 3 Minuten garen, dabei regelmäßig umrühren. Die Mandeln einrühren und alles noch 2–3 Minuten quellen lassen. Den Porridge in eine Schale füllen. Als Topping Heidelbeeren, Mandelmus, Mandeln, Hanfsamen und Bienenpollen darauf anrichten.

HAFER & BEEREN

Für 1 Person — Zubereitung: 5 Minuten, plus 10 Minuten Garen

ZUTATEN

2 EL kernige Haferflocken • 1 EL Hirse • 1 EL Quinoa
1 EL Chiasamen • ½ EL geschroteter Leinsamen • 1 kleine Banane, zerdrückt
1 EL Ahornsirup • 1 Schuss Mandeldrink • 1 Eiweiß

———————

TOPPING: 1 EL Erdnussmus • 3 EL gemischte Beeren
6 Mandeln, grob gehackt

Erdnussmus enthält wertvolle Proteine und ungesättigte Fette,
die das Herz vor Erkrankungen schützen.

GH *Gut für die Haut* **P** *Proteinreich* **V** *Vitaminreich*

In einem Topf 185 ml Wasser aufkochen. Haferflocken, Hirse, Quinoa,
Chia- und Leinsamen zugeben und bei mittlerer Hitze 7–8 Minuten köcheln
lassen. Banane, Ahornsirup und Mandeldrink einrühren. Zuletzt das Eiweiß
kräftig unterrühren und den Porridge in eine Schale füllen. Als Topping
Erdnussmus, Beeren und Mandeln darauf anrichten.

QUINOA, HAFER & KOKOS

Für 2 Personen — Zubereitung: 5 Minuten, plus 20 Minuten Garen

ZUTATEN

200 ml Kokosmilch (oder Wasser) • 40 g rote Quinoa • 1 Prise Salz
70 g kernige Haferflocken • 1 Prise frisch geriebene Muskatnuss

---

TOPPING: 1 Mango, gewürfelt • 30 g Pekannusskerne, grob gehackt
30 g Kokoschips, geröstet

Kokosmilch und Kokoschips liefern Vitamine, Mineralstoffe und
Spurenlemente wie Eisen, Selen und Phosphor.

Ⓜ *Mineralstoffreich* Ⓟ *Proteinreich* Ⓥ *Vitaminreich*

Kokosmilch oder Wasser in einem Topf aufkochen. Quinoa und Salz zugeben
und 15 Minuten köcheln lassen. Haferflocken, Muskat und 125 ml Wasser
zufügen und die Flocken in 5 Minuten unter Rühren weich werden lassen. Den
Porridge in zwei Schalen füllen. Als Topping Mangowürfel, Pekannüsse und
Kokoschips darauf anrichten.

HAFER, ROGGEN & KAROTTEN

Für 1 Person — Zubereitung: 5 Minuten, plus 10 Minuten Garen

ZUTATEN

180 ml Karottensaft • 25 g kernige Haferflocken • 25 g Roggenflocken
1 EL Reisdrink • 1 TL frisch geriebener Ingwer

TOPPING: 2 getrocknete Pflaumen, in Stücke geschnitten • 1 EL helle Rosinen
1 TL Goldleinsamen • 1 TL Kakaonibs

Roggen enthält unlösliche Ballaststoffe. Sie binden sich an Wassermoleküle und rufen so ein schnelles Sättigungsgefühl hervor.

EH *Entzündungshemmend*   **FV** *Fördert die Verdauung*   **M** *Mineralstoffreich*

Karottensaft und 125 ml Wasser in einem Topf aufkochen. Hafer- und Roggenflocken zugeben und bei schwacher Hitze 5–8 Minuten köcheln lassen. Dabei gelegentlich umrühren. Sobald die Flocken die Flüssigkeit aufgesogen haben, Reisdrink und Ingwer einrühren. Den Porridge in eine Schale füllen. Als Topping getrocknete Pflaumen, Rosinen, Leinsamen und Kakaonibs darauf anrichten.

DINKEL, GERSTE & BANANE

Für 1 Person — Zubereitung: 5 Minuten , plus 40 Minuten Garen

ZUTATEN

2 EL Perlgraupen • 2 EL Dinkelflocken • 30 ml Haselnussdrink
½ Banane, zerdrückt • ½ TL Vanilleextrakt (oder 1 Msp. Vanillemark)
1 Prise gemahlene Gewürznelken • 1 Prise gemahlener Zimt • 1 Prise Salz

---

TOPPING: 1 getrocknete Medjool-Dattel, entsteint und gewürfelt
½ Banane, in Scheiben geschnitten • 1 TL schwarzer Sesam • 1 TL Hanfsamen
1 TL grob gehackte Haselnüsse, geröstet

Datteln regen die Verdauung an, denn sie sind
reich an löslichen Ballaststoffen.

M *Mineralstoffreich* **SE** *Spendet Energie* **SK** *Stärkt die Knochen*

Perlgraupen und Dinkelflocken in einem Sieb abspülen, in einen Topf geben
und 5 cm hoch mit Wasser bedecken. Zugedeckt aufkochen und bei schwacher
Hitze 35 Minuten köcheln lassen, bis die Körner weich sind. Dann abgießen.
Das Getreide mit Haselnussdrink, Banane, Vanille, Nelken, Zimt und Salz im
Mixer pürieren. Zurück in den Topf geben und nochmals 5 Minuten köcheln
lassen. Den Porridge in eine Schale füllen. Als Topping Dattel, Banane,
Sesam, Hanfsamen und Haselnüsse darauf anrichten.

EMMER & ERDBEEREN

Für 2 Personen — Zubereitung: 5 Minuten, plus 35 Minuten Garen.

ZUTATEN
100 g Emmer • 200 ml Mandeldrink
2 EL Ahornsirup • 1 EL Kakaonibs

TOPPING: 10 Erdbeeren, halbiert • 2 EL Kokosjoghurt
1 EL grob gehackte Mandeln • 1 TL Goldleinsamen • 1 TL Kürbiskerne

Erdbeeren enthalten neben Vitamin C und K auch Folsäure,
Mangan, Kalium und reichlich Ballaststoffe.

 **EH** *Entzündungshemmend* **FV** *Fördert die Verdauung* **V** *Vitaminreich*

Emmer, Mandeldrink und 50 ml Wasser in einem Topf aufkochen und
zugedeckt bei schwacher Hitze in etwa 30 Minuten weich garen. Inzwischen für
das Topping den Backofen auf 180 °C vorheizen. Die Erdbeeren in einer Form
im Ofen 15 Minuten garen, bis sie weich sind und Saft abgeben. Den gegarten
Emmer im Mixer 2 Minuten pürieren. Zurück in den Topf geben, Ahornsirup
und Kakaonibs zufügen und nochmals 2 Minuten köcheln lassen. Den Porridge
in zwei Schalen anrichten. Als Topping die warmen Erdbeeren, Kokosjoghurt,
Mandeln, Leinsamen und Kürbiskerne darauf anrichten.

VIER GETREIDE & MANDELMUS

Für 1 Person – Zubereitung: 5 Minuten, plus über Nacht Quellen und 10 Minuten Garen

ZUTATEN

1 EL Amarant, über Nacht eingeweicht • 1 EL Quinoa, über Nacht eingeweicht
1 EL Buchweizengrütze, über Nacht eingeweicht • 1 EL kernige Haferflocken,
über Nacht eingeweicht • 120 ml Mandeldrink • 1 Prise gemahlener Zimt
½ TL Vanilleextrakt (oder 1 Msp. Vanillemark)

TOPPING: 40 g gemischte Beeren • 1 TL Mandelmus
½ TL Chiasamen • 1 EL Kokoschips, geröstet • ½ EL Ahornsirup

Alle vier Getreidearten enthalten neben Proteinen auch Ballaststoffe, die den Blutzuckerspiegel stabilisieren.

EH *Entzündungshemmend* **FV** *Fördert die Verdauung* **P** *Proteinreich*

Amarant, Quinoa, Buchweizen und Haferflocken in einem Sieb abspülen und abtropfen lassen. Dann mit Mandeldrink, Zimt, Vanille und 40 ml Wasser in einen Topf geben. Alles aufkochen und bei schwacher Hitze 10 Minuten köcheln lassen. Inzwischen für das Topping die Beeren in einem zweiten Topf 1 Minute erhitzen. Den Porridge in eine Schale füllen. Als Topping Mandelmus, warme Beeren, Chiasamen, Kokoschips und Ahornsirup darauf anrichten.

PALEO-PORRIDGE & PFLAUMEN

Für 1 Person — Zubereitung: 5 Minuten, plus 5 Minuten Garen

ZUTATEN

180 ml Kokosmilch • 60 g gemahlene blanchierte Mandeln
1 TL Honig (am besten Rohhonig)
1 TL gemahlener Zimt • 1 Prise gemahlener Kardamom

TOPPING: 3 getrocknete Pflaumen • 1 TL Mandelmus
1 TL geschälte Hanfsamen

Getrocknete Pflaumen sind reich an Phenolen. Diese sekundären Pflanzenstoffe schützen die Zellen des Körpers.

FV *Fördert die Verdauung* **GH** *Gut für die Haut* **P** *Proteinreich*

Die Kokosmilch in einem Topf aufkochen. Mandeln, Honig, Zimt und Kardamom zugeben und bei schwacher Hitze 5 Minuten unter Rühren köcheln lassen. Inzwischen für das Topping die getrockneten Pflaumen 2 Minuten in Wasser einweichen, dann 1 Minute in einem Topf erwärmen. Den Porridge in eine Schale füllen. Als Topping die Pflaumen, Mandelmus und Hanfsamen darauf anrichten.

BUCHWEIZEN, AVOCADO & FEIGE

*Für 1 Person — Zubereitung: 5 Minuten, plus über Nacht Quellen
und 5 Minuten Garen*

ZUTATEN

75 g Buchweizengrütze, über Nacht eingeweicht (oder 2–3 Tage gekeimt)
½ Avocado • 1 TL Honig (am besten Rohhonig) • 1 Prise Salz

TOPPING: 1 Feige, in Scheiben geschnitten • 1 TL geschälte Hanfsamen
1 TL Kakaonibs • 1 TL Honig (am besten Rohhonig)

Buchweizen wird durch Einweichen oder Keimen leichter verdaulich. Dieser Zubereitungsschritt macht auch seine Nährstoffe besser verfügbar.

FV *Fördert die Verdauung* **M** *Mineralstoffreich* **SI** *Stärkt das Immunsystem*

Die Buchweizengrütze abspülen und abtropfen lassen. Dann mit Avocado, Honig und Salz im Mixer cremig pürieren. Dabei je nach gewünschter Konsistenz noch etwas Wasser zugeben. Die Mischung in einen Topf füllen und etwa 5 Minuten erwärmen. Den Porridge in eine Schale füllen. Als Topping Feigenscheiben, Hanfsamen und Kakaonibs darauf anrichten.
Mit Honig beträufelt servieren

BUCHWEIZEN, BANANE & BEEREN

*Für 1 Person — Zubereitung: 5 Minuten, plus über Nacht Quellen
und 5 Minuten Garen*

ZUTATEN

75 g Buchweizengrütze, über Nacht eingeweicht • ½ reife Banane
25 g Heidelbeeren • 40 ml Mandeldrink

TOPPING: 25 g Heidelbeeren • 1 TL Mandelmus • 1 TL Chiasamen
1 EL Pekannüsse mit Zimt (s. S. 11) • 1 EL Ahornsirup

Heidelbeeren sind enorm reich an Vitamin C. Dieses Vitamin schützt das Kollagen und hält die Haut elastisch.

GH *Gut für die Haut* **P** *Proteinreich* **V** *Vitaminreich*

Den Buchweizen abspülen und abtropfen lassen. Dann mit der Banane im Mixer pürieren. Die Mischung in eine Schale füllen und die Heidelbeeren zugeben. Den Mandeldrink in einem Topf erhitzen über den Porridge gießen und verrühren. Als Topping Heidelbeeren, Mandelmus, Chiasamen und Pekannüsse mit Zimt darauf anrichten. Mit Ahornsirup beträufelt servieren.

BUCHWEIZEN, PROTEIN & VANILLE

Für 2 Personen – Zubereitung: 5 Minuten, plus über Nacht Quellen und 5 Minuten Garen

ZUTATEN

150 g Buchweizengrütze, über Nacht eingeweicht • 150 ml Reisdrink
½ Banane • 2 EL Goldleinsamen • 1 Messlöffel Proteinpulver Vanille (30 g)
1 TL Vanilleextrakt (oder Mark von ½ Vanilleschote) • 1 TL gemahlener Zimt

---

TOPPING: ½ Banane, in Scheiben geschnitten
1 EL grob gehackte Mandeln • 1 TL Kürbiskerne
1 TL Bienenpollen • 1 TL Honig (am besten Rohhonig)

Bananen liefern viel Vitamin B$_6$. Der Körper benötigt dieses Vitamin für die Neubildung von Zellen.

Den Buchweizen abspülen und abtropfen lassen. Mit Reisdrink, Banane, Leinsamen, Proteinpulver, Vanille und Zimt im Mixer pürieren. Dabei je nach gewünschter Konsistenz etwas Wasser zugeben. Die Mischung in einem Topf 3–5 Minuten erhitzen. Den Porridge in zwei Schalen füllen. Als Topping Banane, Mandeln, Kürbiskerne, Bienenpollen und Honig darauf anrichten.

BUCHWEIZEN & LEINSAMEN

Für 1 Person — Zubereitung: 5 Minuten, plus über Nacht Quellen und 10 Minuten Garen

ZUTATEN

75 g Buchweizengrütze, über Nacht eingeweicht • 120 ml Haselnussdrink
½ Banane, zerdrückt • 1 EL geschroteter Leinsamen • 1 TL Chiasamen

———————

TOPPING: 1 Nektarine, geviertelt • Saft von ½ Zitrone • 1 EL Ahornsirup
1 EL grob gehackte Mandeln • 1 TL Kürbiskerne • 1 TL Sonnenblumenkerne

Nektarinen versorgen den Körper mit Kalium,
Phosphor, Magnesium und Kalzium.

M *Mineralstoffreich* **P** *Proteinreich* **SK** *Stärkt die Knochen*

Für das Topping den Backofen auf 170 °C vorheizen. Nektarinenviertel,
Zitronensaft, Ahornsirup und 30 ml Wasser in einer Form mischen und im
Ofen 8–10 Minuten garen. Inzwischen den Buchweizen abspülen und
abtropfen lassen. Dann mit Haselnussdrink, Banane, Lein- und Chiasamen im
Mixer cremig pürieren. Die Mischung in einen Topf füllen und erwärmen.
Den Porridge in eine Schale füllen. Als Topping die gebackene Nektarine,
Mandeln, Kürbis- und Sonnenblumenkerne darauf anrichten.

AMARANT, BIRNE & SAFRAN

Für 1 Person – Zubereitung: 5 Minuten, plus über Nacht Quellen und 20 Minuten Garen

ZUTATEN

100 g Amarant, über Nacht in 200 ml Wasser eingeweicht
1–2 Safranfäden • 50 ml Macadamiadrink • 1 TL Tahin (Sesammus)

TOPPING: 1 Birne, geschält, entkernt und geviertelt • 1–2 Safranfäden
1 EL Honig (am besten Rohhonig) • 1 EL Buchweizen-Sesam-Streusel (s. S. 10)
1 EL grob gehackte Macadamianusskerne, geröstet

Safran enthält viel Mangan. Das Spurenelement reguliert Blutzuckerspiegel und Kohlenhydratstoffwechsel sowie die Aufnahme von Kalzium.

 *Mineralstoffreich* *Proteinreich* *Stärkt das Immunsystem*

Den Amarant kalt abspülen und abtropfen lassen. Mit 300 ml Wasser in einem Topf aufkochen. Den Safran einrühren und alles bei schwacher Hitze in 20 Minuten cremig köcheln lassen. Dabei gelegentlich umrühren. Inzwischen für das Topping die Birnenviertel in einem Topf mit Wasser bedecken, Safran und Honig zugeben und 6 Minuten garen. Macadamiadrink und Tahin in den Porridge rühren. Den Porrige in eine Schale füllen. Als Topping warme Birne, Buchweizen-Sesam-Streusel und Nüsse darauf anrichten.

AMARANT, BANANE & DATTEL

Für 1 Person − Zubereitung: 5 Minuten, plus über Nacht Quellen und 20 Minuten Garen

ZUTATEN

100 g Amarant, über Nacht in 100 ml Wasser eingeweicht
2 Kardamomkapseln • 1 Sternanis • 1 Prise gemahlener Zimt • 1 Prise Salz
abgeriebene Schale von ¼ Bio-Orange • 20 ml Mandeldrink

TOPPING: ½ Banane, in Scheiben geschnitten • 1 getrocknete Medjool-Dattel,
entsteint und gewürfelt • 1 EL grob gehackte Pekannusskerne, geröstet
1 TL geschroteter Leinsamen • 1 EL Honig (am besten Rohhonig)

Pekannüsse sind prall gefüllt mit Magnesium. Dieser Mineralstoff wird wegen seiner entzündungshemmenden Wirkung geschätzt.

FV *Fördert die Verdauung* **M** *Mineralstoffreich* **V** *Vitaminreich*

Den Amarant abspülen und abtropfen lassen. Mit 300 ml Wasser, Kardamom, Sternanis, Zimt und Salz in einem Topf aufkochen und bei schwacher Hitze 20 Minuten köcheln lassen. Kardamom und Sternanis entfernen. Die Orangenschale zugeben und Mandeldrink zugießen, bis die gewünschte Konsistenz erreicht ist. Den Porridge in eine Schale füllen. Als Topping Banane, Dattel, Nüsse und Leinsamen darauf anrichten. Mit Honig beträufelt servieren.

AMARANT, BEEREN & LAVENDEL

Für 1 Person – Zubereitung: 5 Minuten, plus über Nacht Quellen und 15 Minuten Garen

ZUTATEN

75 g Amarant, über Nacht in 150 ml Wasser eingeweicht
120 ml Cashewdrink • 1 TL Kokosblütenzucker

TOPPING: 40 g gemischte Beeren (oder 80 g gemischte TK-Beeren)
½ EL Chiasamen • 1 Prise getrockneter Lavendel
1 EL Kürbiskerne • einige Minzeblätter

Amarant enthält Lysin. Diese essenzielle Aminosäure ist wichtig für körperliches Wachstum und Entwicklung.

Den Amarant abspülen und abtropfen lassen. Mit Cashewdrink und Zucker in einem Topf aufkochen, umrühren und bei schwacher Hitze 15 Minuten köcheln lassen. Dabei je nach gewünschter Konsistenz noch etwas Wasser zugießen. Inzwischen für das Topping Beeren und Chiasamen in einem zweiten Topf erhitzen. Lavendel und 1 Schuss Wasser zugeben und bei schwacher Hitze 3 Minuten ziehen lassen. Den Porridge in eine Schale füllen. Als Topping warme Beeren, Kürbiskerne und Minze darauf anrichten.

CREMIGER PORRIDGE

*Sie mögen Ihren Porridge schön cremig?
Dann sind Sie hier richtig. Der Mixer
verzaubert klassischen Porridge mit
Früchten oder Nussmus im Handumdrehen
in ein köstliches und sehr nährstoffreiches
Frühstück. Genießen Sie wunderbar
cremige Porridge-Variationen.*

Hafer, Rote Bete & Beeren
Quinoa & Kakao • Zitrone, Chia & Mandeln
Grieß, Aprikosen & Himbeeren
Karotte & Zimt • Banane & Erdnuss
Cranberry & Macadamia • Mandelmus & Banane
Erdbeer & Kiwi • Pfirsich & Haselnuss
Mango & Gojibeeren • Avocado & Dattel
Ananas & Kokos • Trauben & Honig
Roggen, Spinat & Beeren • Roggen, Apfel
& Pinienkerne • Buchweizen & Granatapfel

HAFER, ROTE BETE & BEEREN

Für 2 Personen — Zubereitung: 5 Minuten, plus 5 Minuten Garen

ZUTATEN

230 ml Haselnussdrink • 90 g zarte Haferflocken
1 kleine Rote Bete, gekocht und gewürfelt • 160 g gemischte Beeren
1 EL Tahin (Sesammus) • 1 EL Honig (am besten Rohhonig) • 1 TL Kokosöl

———

TOPPING: 1 Pfirsich, geachtelt • 1 EL Chiasamen • 1 EL Sesam
1 EL Sonnenblumenkerne • 1 EL grob gehackte Haselnüsse, geröstet
2 Stängel Minze, Blätter abgezupft • 1 EL Honig (am besten Rohhonig)

Rote Bete ist ein wahres Powerfood. Die samtig roten Knollen sind sehr gesund für Leber, Nieren und Blase.

 **FD** *Fördert die Durchblutung* **G** *Stärkt das Gehirn* **M** *Mineralstoffreich*

Haselnussdrink und Haferflocken in einem Topf aufkochen, dann bei schwacher Hitze 5 Minuten unter häufigem Rühren köcheln lassen. Die Mischung mit Roter Bete, Beeren, Tahin, Honig und Kokosöl in den Mixer geben und cremig pürieren. Den Porridge in zwei Schalen füllen. Als Topping Pfirsichspalten, Chiasamen, Sesam, Sonnenblumenkerne, Haselnüsse und Minze darauf anrichten. Mit Honig beträufelt servieren.

85

QUINOA & KAKAO

Für 1 Person — Zubereitung: 5 Minuten, plus 5 Minuten Garen

ZUTATEN
45 g zarte Haferflocken • 2 TL Kokosöl
1 EL Kakaopulver • 2 TL Honig (am besten Rohhonig) • 1 Prise Salz
185 ml Mandeldrink, lauwarm

TOPPING: ½ Banane, in Scheiben geschnitten
2 EL Quinoa-Sonnenblumen-Crisp (s. S. 10) • 1 EL geschälte Hanfsamen
1 EL Kakaonibs

Kakao enthält Flavonole und Theobromin. Diese Stoffe regulieren den Blutdruck und stärken die Blutgefäße.

P *Proteinreich* **SK** *Stärkt die Knochen* **V** *Vitaminreich*

Haferflocken und 230 ml Wasser in einem Topf aufkochen, dann bei schwacher Hitze 5 Minuten köcheln lassen. Die Mischung mit Kokosöl, Kakao, Honig, Salz und der Hälfte vom Mandeldrink in den Mixer geben und cremig pürieren. Den Porrige in eine Schale füllen und den restlichen Mandeldrink unterrühren. Als Topping Bananenscheiben, Quinoa-Sonnenblumen-Crisp, Hanfsamen und Kakaonibs darauf anrichten.

ZITRONE, CHIA & MANDELN

Für 2 Personen – Zubereitung: 5 Minuten, plus 8 Minuten Garen

ZUTATEN

90 g zarte Haferflocken • 230 ml Mandeldrink • Saft von 1 Zitrone
2 EL Kokosraspel • 1 EL Chiasamen

TOPPING: 1 EL abgeriebene Bio-Zitronenschale
1 EL geschroteter Leinsamen • 1 EL grob gehackte Mandeln
2 EL Kokosjoghurt • 2 EL Honig (am besten Rohhonig oder Ahornsirup)

Obwohl Zitronen sauer schmecken, wirken sie entsäuernd.
Sie regulieren nämlich den pH-Wert im Körper.

EH *Entzündungshemmend* **FV** *Fördert die Verdauung* **SI** *Stärkt das Immunsystem*

Haferflocken, Mandeldrink und 450 ml Wasser in einem Topf aufkochen.
Zitronensaft, Kokosraspel, und Chiasamen zugeben und alles bei schwacher
Hitze 5 Minuten unter häufigem Rühren köcheln lassen. Die Mischung dann
im Mixer cremig pürieren. Den Porridge in zwei Schalen füllen. Als Topping
Zitronenschale, Leinsamen, Mandeln und Kokosjoghurt darauf
anrichten. Mit Honig beträufelt servieren.

GRIESS, APRIKOSEN & HIMBEEREN

Für 2 Personen — Zubereitung: 5 Minuten, plus 15 Minuten Garen

ZUTATEN

300 ml Mandeldrink • 75 g Grieß • 5 getrocknete Aprikosen • 1 Prise Salz

―――――

TOPPING: 2 Handvoll Himbeeren, püriert und durch ein Sieb gestrichen
1 EL grob gehackte Mandeln • 1 EL Kakaonibs
Saft von ½ Limette • 2 EL Honig (am besten Rohhonig)

Himbeeren enthalten viel Mangan. Die roten Beeren regen den Stoffwechsel an und fördern die Fettverbrennung.

Mandeldrink und 350 ml Wasser in einem Topf aufkochen. Sobald die Flüssigkeit zu kochen beginnt, den Grieß unter Rühren einrieseln lassen. Dann bei schwacher Hitze 15 Minuten quellen lassen, dabei häufig umrühren. Aprikosen und Salz unterrühren und die Mischung im Mixer in 1 Minute cremig pürieren. Den Porrige in zwei Schalen füllen. Als Topping Himbeer-püree, Mandeln und Kakaonibs darauf anrichten. Mit Limettensaft und Honig beträufelt servieren.

KAROTTE & ZIMT

Für 2 Personen − Zubereitung: 5 Minuten, plus 10 Minuten Garen

ZUTATEN

250 ml Mandeldrink • 1 TL Vanilleextrakt (oder Mark von ½ Vanilleschote)
1 TL gemahlener Zimt • 1 Prise frisch geriebene Muskatnuss
1 Prise gemahlener Ingwer • 1 Prise Salz
50 g Karotte, fein geraspelt • 45 g zarte Haferflocken

TOPPING: 2 EL Rosinen • 2 EL grob gehackte Walnüsse
1 EL Kokosraspel, geröstet • 2 EL Ahornsirup

Zimt verlangsamt die Entleerung des Magens nach dem Essen. So hilft das Gewürz, Spitzen im Blutzuckerspiegel zu vermeiden.

EH *Entzündungshemmend* **G** *Stärkt das Gehirn* **SE** *Spendet Energie*

Mandeldrink, Vanille, Zimt, Muskat, Ingwer und Salz in einem Topf mischen. Karotte und Haferflocken zugeben, aufkochen und bei schwacher Hitze 8–10 Minuten unter häufigem Rühren köcheln lassen. Die Mischung dann im Mixer cremig pürieren. Den Porridge in zwei Schalen füllen. Als Topping Rosinen, Walnüsse und Kokosraspel darauf anrichten. Mit Ahornsirup beträufelt servieren.

BANANE & ERDNUSS

Für 1 Person — Zubereitung: 5 Minuten, plus 5 Minuten Garen

ZUTATEN
30 g zarte Haferflocken • 75 ml Mandeldrink • ½ Banane, zerdrückt
½ EL Chiasamen • ½ TL Vanilleextrakt (oder 1 Msp. Vanillemark) • 1 Prise Salz

---

TOPPING: ½ Banane, in Scheiben geschnitten • 1 EL Erdnussmus
1 EL Leinsamen-Feigen-Granola (s. S. 10) • 1 TL Kakaonibs

94

Erdnussmus enthält wertvolle Proteine. Zudem kann das Mus
vor Gallensteinen schützen.

M *Mineralstoffreich* **SI** *Stärkt das Immunsystem* **SW** *Regt den Stoffwechsel an*

Haferflocken, Mandeldrink und 120 ml Wasser in einem Topf aufkochen.
Zerdrückte Banane, Chiasamen, Vanille und Salz zugeben und bei schwacher
Hitze 5 Minuten köcheln lassen, bis die Mischung sämig wird. Dabei häufig
umrühren. Die Mischung dann im Mixer in 1 Minute cremig pürieren. Den
Porridge in eine Schale füllen. Als Topping Bananenscheiben, Erdnussmus
Leinsamen-Feigen-Granola und Kakaonibs darauf anrichten.

CRANBERRY & MACADAMIA

Für 2 Personen — Zubereitung: 5 Minuten, plus 20 Minuten Garen

ZUTATEN
75 g Buchweizengrütze • 45 g Quinoa • 75 ml Macadamiadrink
1 Banane, zerdrückt • 2 EL getrocknete Cranberrys • 1 EL Macadamiamus

TOPPING: 1 EL getrocknete Cranberrys • 1 EL Heidelbeeren
1 EL geschälte Hanfsamen • 1 EL grob gehackte Macadamianusskerne, geröstet

Macadamianüsse schützen und pflegen Herz und Kreislauf, denn sie enthalten einfach ungesättigte Fettsäuren.

 **M** *Mineralstoffreich* **P** *Proteinreich* **SI** *Stärkt das Immunsystem*

Buchweizengrütze, Quinoa und 175 ml Wasser in einem Topf aufkochen. Dann bei schwacher Hitze 15 Minuten unter häufigem Rühren köcheln lassen. Macadamiadrink, zerdrückte Banane und Cranberrys zugeben und 5 Minuten weiterköcheln lassen. Die Mischung dann im Mixer mit dem Macadamiamus in 1 Minute cremig pürieren. Den Porridge in zwei Schalen füllen. Als Topping Cranberrys, Heidelbeeren, Hanfsamen und Macadamianüsse darauf anrichten.

MANDELMUS & BANANE

Für 2 Personen — Zubereitung: 5 Minuten, plus 15 Minuten Garen

ZUTATEN

90 g zarte Haferflocken • 1 TL Vanilleextrakt (oder Mark von ½ Vanilleschote)
60 g Mandelmus • 1 Banane, zerdrückt • 1 TL Kokosöl
1 TL Kokosblütenzucker

TOPPING: 1 Banane, in Scheiben geschnitten und in 1 TL Kokosöl und
1 TL Kokosblütenzucker 3 Minuten gebraten • 2 EL grob gehackte Mandeln
1 EL Chiasamen • 1 EL geschälte Hanfsamen • 2 EL Kokosmilch

Chiasamen enthalten Alpha-Liponsäure. Damit wirken sie stark antioxidativ und sorgen für gesunde und schöne Haut.

Entzündungshemmend   *Mineralstoffreich*   *Proteinreich*

Haferflocken, Vanille und 700 ml Wasser in einem Topf aufkochen und bei schwacher Hitze 10 Minuten köcheln lassen, dabei häufig umrühren. Das Mandelmus zugeben und 4 Minuten weiterköcheln lassen. Die Mischung dann mit Banane, Kokosöl und Zucker im Mixer cremig pürieren. Den Porridge in zwei Schalen füllen. Als Topping gebratene Bananenscheiben, Mandeln, Chia- und Hanfsamen darauf anrichten. Mit Kokosmilch beträufelt servieren.

ERDBEER & KIWI

Für 2 Personen — Zubereitung: 5 Minuten, plus 5 Minuten Garen

ZUTATEN

90 g zarte Haferflocken • 230 ml Mandeldrink • 6 Erdbeeren, halbiert

––––––––

TOPPING: 2 Erdbeeren, halbiert • 1 Kiwi, in Scheiben geschnitten
1 EL geschroteter Leinsamen • 1 EL Buchweizen-Sesam-Streusel (s. S. 11)
2 EL Honig (am besten Rohhonig)

Die Kiwi verbessert die Aufnahme von Eisen im Körper und stärkt dadurch die Gesundheit der Haut.

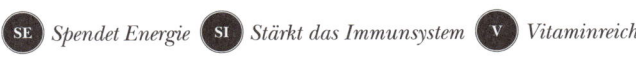

SE *Spendet Energie*   **SI** *Stärkt das Immunsystem*   **V** *Vitaminreich*

Haferflocken, Mandeldrink und 450 ml Wasser in einem Topf aufkochen und bei schwacher Hitze 5 Minuten unter Rühren köcheln lassen. Die Mischung dann mit den Erdbeeren im Mixer in 1 Minute cremig pürieren. Den Porridge in zwei Schalen füllen. Als Topping Erdbeeren, Kiwischeiben, Leinsamen und Buchweizen-Sesam-Streusel darauf anrichten. Mit Honig beträufelt servieren.

PFIRSICH & HASELNUSS

Für 1 Person — Zubereitung: 5 Minuten, plus 5 Minuten Garen

ZUTATEN

3 EL zarte Haferflocken • 1 EL Buchweizengrütze
120 ml Haselnussdrink • ½ Pfirsich, gewürfelt • 2 getrocknete Medjool-Datteln,
entsteint • 1 EL grob gehackte Haselnusskerne • 2 EL Orangensaft

---

TOPPING: ½ Pfirsich, in Spalten geschnitten
1 EL grob gehackte Haselnusskerne, geröstet • 1 EL Kokosjoghurt
½ TL gemahlener Zimt

Pfirsiche enthalten viele Vitamine, vor allem A und C. Sie sind wichtig für die Augen und die Geweberegeneration.

P *Proteinreich* **SI** *Stärkt das Immunsystem* **V** *Vitaminreich*

Haferflocken, Buchweizengrütze, Haselnussdrink und 130 ml Wasser in einem Topf aufkochen und bei schwacher Hitze 5 Minuten unter häufigem Rühren köcheln lassen. Dann Pfirsichwürfel, Datteln, Haselnüsse und Orangensaft, unterrühren. Die Mischung im Mixer in 1 Minute cremig pürieren. Den Porridge in eine Schale füllen. Als Topping Pfirsichspalten, Haselnüsse und Kokosjoghurt darauf anrichten. Mit Zimt bestäubt servieren.

MANGO & GOJIBEEREN

Für 2 Personen — Zubereitung: 5 Minuten, plus 5 Minuten Garen

ZUTATEN

90 g zarte Haferflocken • 250 ml Mandeldrink • ½ Mango, gewürfelt
1 TL Gojibeeren • 2 getrocknete Medjool-Datteln, entsteint

———————

TOPPING: ½ Mango, gewürfelt • 2 EL Kokoschips, geröstet
1 EL grob gehackte Mandeln • 1 EL Sonnenblumenkerne • 1 EL Ahornsirup

Mangos sind reich an Ballaststoffen. Zudem beugen sie degenerativen Erkrankungen vor.

EH *Entzündungshemmend* **SI** *Stärkt das Immunsystem* **V** *Vitaminreich*

Haferflocken und Mandeldrink in einem Topf aufkochen und bei schwacher Hitze 5 Minuten unter Rühren köcheln lassen. Die Mischung dann mit Mango, Gojibeeren und Datteln im Mixer in 1 Minute cremig pürieren. Den Porridge in zwei Schalen füllen. Als Topping Mangowürfel, Kokoschips, Mandeln und Sonnenblumenkerne darauf anrichten. Mit Ahornsirup beträufelt servieren.

AVOCADO & DATTEL

Für 2 Personen – Zubereitung: 5 Minuten, plus 5 Minuten Garen

ZUTATEN

90 g zarte Haferflocken • 250 ml Kokosmilch • 1 Avocado
1 EL Sonnenblumenkerne • 2 getrocknete Medjool-Datteln, entsteint

---

TOPPING: 1 EL Kokoschips, geröstet • 2 getrocknete Medjool-Datteln,
entsteint und in Stücke geschnitten • 2 EL Pistazien mit Honig (s. S. 11)

Avocados enthalten viel Vitamin E, Eisen und Kalium. Daneben punkten sie auch mit gesunden Fetten, die den Cholesterinspiegel regulieren.

G *Stärkt das Gehirn* **GH** *Gut für die Haut* **HH** *Reguliert den Hormonhaushalt*

Haferflocken und Kokosmilch in einem Topf aufkochen, bei schwacher Hitze 5 Minuten unter Rühren köcheln lassen. Mit Avocado, Sonnenblumenkernen und Datteln im Mixer cremig pürieren. Porridge in zwei Schalen füllen. Als Topping Kokoschips, Datteln und Pistazien mit Honig darauf anrichten.

ANANAS & KOKOS

Für 2 Personen — Zubereitung: 5 Minuten, plus 10–12 Minuten Garen

ZUTATEN
90 g Reisflocken • 250 ml Kokosmilch

TOPPING: 50 g Ananasfruchtfleisch, in Scheiben geschnitten
1 EL grob gehackte Pistazien • 1 EL geschälte Hanfsamen
1 EL Kürbiskerne • 1 EL Kokosjoghurt

Neben Vitaminen und Mineralstoffen enthält Ananas Bromelain. Das Enzym fördert die Aufspaltung komplexer Kohlenhydrate bei der Verdauung.

EH *Entzündungshemmend*　**FD** *Fördert die Durchblutung*　**SI** *Stärkt das Immunsystem*

Reisflocken und Kokosmilch in einem Topf aufkochen und bei schwacher Hitze 10–12 Minuten köcheln lassen. Dabei häufig umrühren. Die Mischung dann im Mixer in 1 Minute cremig pürieren. Den Porridge in zwei Schalen füllen. Als Topping Ananasscheiben, Pistazien, Hanfsamen, Kürbiskerne und Kokosjoghurt darauf anrichten.

TRAUBEN & HONIG

Für 2 Personen – Zubereitung: 5 Minuten, plus 15 Minuten Garen

ZUTATEN

100 g Quinoa, abgespült • 125 ml Haselnussdrink
2 EL Sonnenblumenkerne • 1 EL Honig (am besten Rohhonig)
100 g kernlose rote Weintrauben

TOPPING: 40 g kernlose rote Weintrauben, halbiert
2 EL grob gehackte Pistazien • 1 EL Honig (am besten Rohhonig)

In der Haut von Weintrauben stecken konzentrierte Nährstoffe und
Antioxidanzien mit entzündungshemmenden Eigenschaften.

EH *Entzündungshemmend*　**P** *Proteinreich*　**SI** *Stärkt das Immunsystem*

Für das Topping die Trauben auf einem Backblech verteilen
und unter dem Grill 5 Minuten rösten, bis sie aufplatzen.
Quinoa und 375 ml Wasser in einem Topf aufkochen, dann abgedeckt
bei schwacher Hitze 10 Minuten köcheln lassen. Haselnussdrink, Sonnenblumenkerne und Honig unterrühren. Die Mischung mit den Trauben im
Mixer cremig pürieren. Den Porridge in zwei Schalen füllen. Als Topping
die gegrillten Trauben und Pistazien darauf anrichten.
Mit Honig beträufelt servieren.

ROGGEN, SPINAT & BEEREN

Für 2 Personen – Zubereitung: 5 Minuten, plus 5 Minuten Garen

ZUTATEN

45 g zarte Haferflocken • 45 g Roggenflocken • 345 ml Mandeldrink
1 Prise Salz • 2 getrocknete Medjool-Datteln, entsteint
1 Handvoll junger Blattspinat

TOPPING: 2 EL Heidelbeeren • 2 EL Himbeeren
1 EL geschroteter Leinsamen • 2 EL Ahornsirup

Spinat enthält Betakarotin, Lutein und Xanthen. Alle drei Stoffe
kräftigen die Augen und unterstützen das Sehvermögen.

FD *Fördert die Durchblutung*   SI *Stärkt das Immunsystem*   V *Vitaminreich*

Haferflocken, Roggenflocken, Mandeldrink, Salz und 230 ml Wasser in einem
Topf aufkochen, dann bei schwacher Hitze 4 Minuten quellen lassen. Dabei
häufig umrühren. Die Mischung mit Datteln und Spinat in den Mixer geben
und in 1 Minute cremig pürieren. Den Porridge in zwei Schalen füllen.
Als Topping Heidelbeeren, Himbeeren und Leinsamen darauf anrichten.
Mit Ahornsirup beträufelt servieren.

ROGGEN, APFEL & PINIENKERNE

Für 2 Personen — Zubereitung: 5 Minuten, plus 5 Minuten Garen

ZUTATEN
45 g zarte Haferflocken • 45 g Roggenflocken
125 ml Pinienkerndrink (60 g geröstete Pinienkerne mit 120 ml Wasser püriert)
1 Apfel, geraspelt • 2 getrocknete Medjool-Datteln, entsteint
1 EL Pinienkerne, geröstet

––––––––––––

TOPPING: 2 EL Vanillejoghurt • 1 EL Pinienkerne, geröstet
1 EL Rosinen, in 2 EL Wasser eingeweicht und abgetropft
1 TL gemahlener Zimt

Pinienkerne enthalten die Vitamine E und K. Beide stärken
die Gesundheit von Herz und Kreislauf.

 **M** *Mineralstoffreich* **P** *Proteinreich* **SE** *Spendet Energie*

Haferflocken, Roggenflocken und 375 ml Wasser in einem Topf aufkochen.
Den Pinienkerndrink zugießen und alles bei schwacher Hitze 4 Minuten
köcheln lassen. Geraspelten Apfel, Datteln und Pinienkerne unterrühren. Die
Mischung dann im Mixer in 1 Minute cremig pürieren. Den Porridge in zwei
Schalen füllen. Als Topping Vanillejoghurt, Pinienkerne und Rosinen
darauf anrichten. Mit Zimt bestäubt servieren.

BUCHWEIZEN & GRANATAPFEL

Für 2 Personen — Zubereitung: 5 Minuten, plus 5 Minuten Garen

ZUTATEN

125 g Buchweizenflocken • 250 ml Haselnussdrink
2 getrocknete Medjool-Datteln, entsteint • ½ TL gemahlener Zimt • ½ TL Salz

---

TOPPING: 40 g Granatapfelkerne • 1 EL geschälte Hanfsamen
1 EL Kakaonibs • 2 EL Ahornsirup

Die Kerne des Granatapfels besitzen viele gesunde Inhaltsstoffe. Besonders reich sind sie jedoch an Vitamin C und K.

EH *Entzündungshemmend* **FD** *Fördert die Durchblutung* **M** *Mineralstoffreich*

Buchweizenflocken und 350 ml Wasser in einem Topf aufkochen und bei schwacher Hitze 4 Minuten köcheln lassen. Haselnussdrink, Datteln, Zimt und Salz unterrühren. Die Mischung dann im Mixer in 1 Minute cremig pürieren. Den Porridge in zwei Schalen füllen. Als Topping Granatapfelkerne, Hanfsamen und Kakaonibs darauf anrichten. Mit Ahornsirup beträufelt servieren.

OVERNIGHT OATS

Löffel für Löffel puren Genuss garantieren die Overnight Oats. Für diese kalte Porridge-Version lässt man Getreide – mit Fruchtstückchen, Nüssen und Gewürzen – über Nacht in Pflanzendrink, Wasser oder Fruchtsaft quellen. Danach wird der Mix mit frischem Fruchtpüree und einem knusprigen Topping in ein Glas geschichtet. Freuen Sie sich auf ein farbenfrohes Frühstück.

Hafer, Apfel & Rosinen
Buchweizen & Kokos • Kürbis & Gewürze
Pfirsich Melba • Exotische Früchte
Banane & Kakao • Karotte & Mandel
Erdbeeren & Kürbiskerne • Nussmix
Heidelbeeren & Kurkuma • Açaíbeeren
& Leinsamen • Chia & Granatapfel
Cashewkerne & Zimt • Pekannüsse & Pflaumen
Kakao & Erdnuss • Himbeeren & Mandel
Proteinbombe • Mango & Ingwer
Aprikosen & Hanf

HAFER, APFEL & ROSINEN

Für 2 Personen — Zubereitung: 5 Minuten, plus über Nacht Quellen

ZUTATEN

90 g zarte Haferflocken • 250 ml Mandeldrink • 1 Apfel, geraspelt
1 EL Chiasamen • 1 EL Ahornsirup • 1 TL gemahlener Zimt
½ TL Vanilleextrakt (oder 1 Msp. Vanillemark)
1 Prise frisch geriebene Muskatnuss • 1 Prise Salz • 80 g Joghurt

TOPPING: 1 EL Rosinen • 1 EL frisch geraspelter Apfel
2 EL Nüsse in Ahornsirup (s. S. 11)

Äpfel enthalten Flavonoide, Phenole und andere Antioxidanzien. Sie schützen die Zellen der Gefäßwände und beugen Herz-Kreislauf-Erkrankungen vor.

EH *Entzündungshemmend*   **SI** *Stärkt das Immunsystem*   **V** *Vitaminreich*

Haferflocken, Mandeldrink, Apfel, Chiasamen, Ahornsirup, Zimt, Vanille, Muskat und Salz in einer Schüssel mischen. Dann abgedeckt über Nacht im Kühlschrank quellen lassen. Am nächsten Morgen den Joghurt unterrühren und die Mischung in zwei Gläser füllen. Als Topping Rosinen, Apfelraspel und Nüsse in Ahornsirup darauf anrichten.

BUCHWEIZEN & KOKOS

Für 2 Personen — Zubereitung: 5 Minuten, plus über Nacht Quellen

ZUTATEN

150 g Buchweizenflocken • 750 ml Kokosmilch
2 EL Chiasamen • 2 TL Vanilleextrakt (oder Mark von 1 Vanilleschote)
¼ TL gemahlener Zimt • 1 Prise Salz • 80 g Kokosjoghurt

———

BEERENPÜREE: 50 g gemischte Beeren, mit einer Gabel zerdrückt

———

TOPPING: 50 g gemischte Beeren • 2 EL Kokosraspel
2 EL Walnuss-Mohn-Knusper (s. S. 10)

Buchweizen enthält Rutin. Dieses Flavonoid beugt entzündungsbedingten Krankheiten wie Arthritis vor.

 **FV** *Fördert die Verdauung* **M** *Mineralstoffreich* **P** *Proteinreich*

Buchweizenflocken, Kokosmilch, Chiasamen, Vanille, Zimt und Salz in einer Schüssel mischen. Dann abgedeckt über Nacht im Kühlschrank quellen lassen. Am nächsten Morgen den Kokosjoghurt unterrühren. Das Beerenpüree in zwei Gläser verteilen und die Flockenmischung daraufgeben. Als Topping Beeren, Kokosraspel und Walnuss-Mohn-Knusper darauf anrichten.

KÜRBIS & GEWÜRZE

Für 1 Person – Zubereitung: 5 Minuten, plus über Nacht Quellen

ZUTATEN

45 g zarte Haferflocken • 180 ml Haselnussdrink • 120 g Kürbispüree
1 EL Chiasamen • ½ EL geschroteter Leinsamen
½ TL Vanilleextrakt (oder 1 Msp. Vanillemark) • ½ TL gemahlener Zimt
1 Prise frisch geriebene Muskatnuss • 1 Prise gemahlene Gewürznelken
1 Prise Salz • 80 g Joghurt

TOPPING: 1 EL Kokosjoghurt • 1 EL Pekannüsse mit Zimt (s. S. 11)

Gewürznelken liefern reichlich Antioxidanzien. Darüber hinaus besitzen sie antiseptische, antifungale und schmerzlindernde Eigenschaften.

EH *Entzündungshemmend* **M** *Mineralstoffreich* **V** *Vitaminreich*

Haferflocken, Haselnussdrink, Kürbispüree, Chia- und Leinsamen, Vanille, Zimt, Muskat, Gewürznelken und Salz in einer Schüssel mischen. Dann abgedeckt über Nacht im Kühlschrank quellen lassen. Am nächsten Morgen den Joghurt unterrühren und die Flockenmischung in ein Glas füllen. Als Topping Kokosjoghurt und Pekannüsse mit Zimt darauf anrichten.

PFIRSICH MELBA

Für 1 Person — Zubereitung: 5 Minuten, plus über Nacht Quellen

ZUTATEN

45 g zarte Haferflocken • 1 Pfirsich, gehäutet und fein gewürfelt
1 EL geschälte Hanfsamen • 80 g Joghurt

―――――――

PFIRSICHPÜREE: 1 Pfirsich, halbiert

―――――――

TOPPING: ½ EL grob gehackte Pistazien • ½ EL Leinsamen-Feigen-Granola (s. S. 10)

Pfirsiche sind reich an Kalium. Dieser Mineralstoff stabilisiert den Blutdruck und beugt Nierensteinen und Osteoporose vor.

EH *Entzündungshemmend* **SK** *Stärkt die Knochen* **V** *Vitaminreich*

Haferflocken, Pfirsichwürfel, Hanfsamen und 180 ml Wasser in einer Schüssel mischen. Dann abgedeckt über Nacht im Kühlschrank quellen lassen. Am nächsten Morgen den Joghurt unterrühren und die Flockenmischung in ein Glas füllen. Für das Topping die Pfirsichhälften mit 2 EL Wasser im Mixer fein pürieren. Pfirsichpüree, Pistazien und Leinsamen-Feigen-Granola auf der Flockenmischung anrichten.

EXOTISCHE FRÜCHTE

Für 1 Person – Zubereitung: 10 Minuten, plus über Nacht Quellen

ZUTATEN
45 g zarte Haferflocken • 100 ml Kokosmilch
1 Kiwi, geschält und gewürfelt • 3 getrocknete Aprikosen, in Stücke geschnitten
1 EL geschroteter Leinsamen • 1 EL Kokosraspel • 80 g Kokosjoghurt

---

FRUCHTPÜREE: 40 g Ananasfruchtfleisch, gewürfelt • ½ Mango, gewürfelt

---

TOPPING: 1 EL Leinsamen-Feigen-Granola (s. S. 10)
1 EL Kokoschips, geröstet

Kiwi wirkt lindernd bei Verdauungsproblemen, denn sie enthält das Enzym Actinidin. Es wirkt bei der Aufspaltung von Proteinen mit.

EH *Entzündungshemmend* **FV** *Fördert die Verdauung* **V** *Vitaminreich*

Haferflocken, Kokosmilch, Kiwi, Aprikosen, Leinsamen, Kokosraspel und 80 ml Wasser in einer Schüssel mischen. Dann abgedeckt über Nacht im Kühlschrank quellen lassen. Am nächsten Morgen den Kokosjoghurt unterrühren. Für das Fruchtpüree Ananas, Mango und 2 EL Wasser im Mixer pürieren. Das Püree in ein Glas füllen und die Flockenmischung daraufgeben. Als Topping Leinsamen-Feigen-Granola und Kokoschips darauf anrichten.

BANANE & KAKAO

Für 1 Person — Zubereitung: 5 Minuten, plus über Nacht Quellen

ZUTATEN

25 g zarte Haferflocken • 25 g Buchweizenflocken • 90 ml Haselnussdrink
½ Banane, in Scheiben geschnitten • 2 getrocknete Medjool-Datteln,
entsteint und gewürfelt • 1 EL Erdnussmus • ½ EL Kakaopulver • 80 g Joghurt

---

BANANENPÜREE: ½ Banane, mit einer Gabel zerdrückt • 1 TL Kakaonibs

---

TOPPING: 1 TL Pekannüsse mit Zimt (s. S. 11)

Buchweizen ist ziemlich gesund: Er hilft beim Abnehmen und bindet Cholesterin, das dann vom Körper nicht aufgenommen wird.

FD *Fördert die Durchblutung* **M** *Mineralstoffreich* **SE** *Spendet Energie*

Haferflocken, Buchweizenflocken, Haselnussdrink, Banane, Datteln, Erdnussmus, Kakao und 90 ml Wasser in einer Schüssel mischen. Dann abgedeckt über Nacht im Kühlschrank quellen lassen. Am nächsten Morgen den Joghurt unterrühren. Das Bananenpüree mit den Kakaonibs mischen und in ein Glas füllen. Die Flockenmischung daraufgeben und als Topping Pekannüsse mit Zimt darauf anrichten.

KAROTTE & MANDEL

Für 1 Person — Zubereitung: 10 Minuten, plus über Nacht Quellen

ZUTATEN

1 Karotte • ½ Orange, geschält • 45 g zarte Haferflocken • 1 EL Rosinen
1 EL grob gehackte Mandeln • 1 EL Mandelmus • 1 EL Honig (am besten
Rohhonig) • 1 TL gemahlener Zimt • 80 g Joghurt

KAROTTENPÜREE: 1 Karotte, gewürfelt • Saft von ½ Orange

TOPPING: 1 EL Nüsse in Ahornsirup (s. S. 11)

Mandeln liefern dem Körper viel Vitamin A. Dieses Vitamin sorgt für
einen optimalen Feuchtigkeitshaushalt der Haut.

GH *Gut für die Haut* **P** *Proteinreich* **V** *Vitaminreich*

Karotte und Orange im Mixer pürieren und den Saft durch ein feines Sieb
abtropfen lassen. Den Saft mit Haferflocken, Rosinen, Mandeln, Mandelmus,
Honig, Zimt und 180 ml Wasser in einer Schüssel mischen. Dann abgedeckt
über Nacht im Kühlschrank quellen lassen. Am nächsten Morgen den Joghurt
unterrühren. Für das Püree Karotten und Orangensaft im Mixer pürieren
und in ein Glas füllen. Die Flockenmischung daraufgeben und als Topping
Nüsse in Ahornsirup darauf anrichten.

ERDBEEREN & KÜRBISKERNE

Für 1 Person – Zubereitung: 10 Minuten, plus über Nacht Quellen

ZUTATEN

25 g zarte Haferflocken • 25 g Buchweizenflocken
3 Erdbeeren, gewürfelt • 1 EL Kürbiskerne • 1 EL Cashewmus • 80 g Joghurt

---

ERDBEERPÜREE: 80 g Erdbeeren

TOPPING: 1 TL Kürbiskerne • 1 EL Chia-Rosinen-Crunch (s. S. 11)
1 Erdbeere, in Scheiben geschnitten

Erdbeeren enthalten Polyphenole und andere Antioxidanzien. Sie pflegen die Haut und fördern die Zellerneuerung nach einem Sonnenbad.

 *Gut für die Haut* **P** *Proteinreich* **V** *Vitaminreich*

Haferflocken, Buchweizenflocken, Erdbeeren, Kürbiskerne, Cashewmus und 180 ml Wasser in einer Schüssel mischen. Dann abgedeckt über Nacht im Kühlschrank quellen lassen. Am nächsten Morgen den Joghurt unterrühren. Für das Püree die Erdbeeren und 1 EL Wasser im Mixer pürieren. Das Püree in ein Glas füllen und die Flockenmischung daraufgeben. Als Topping Kürbiskerne, Chia-Rosinen-Crunch und Erdbeerscheiben darauf anrichten.

NUSSMIX

Für 1 Person – Zubereitung: 5 Minuten, plus über Nacht Quellen

ZUTATEN

25 g zarte Haferflocken • 20 g Hirse • 180 ml Mandeldrink
2 getrocknete Medjool-Datteln, entsteint und gewürfelt
1 EL grob gehackte Mandeln • 1 EL grob gehackte Haselnüsse, geröstet
1 EL Cashewmus • 80 g Joghurt

───────

HEIDELBEERPÜREE: 2 EL Heidelbeeren, mit einer Gabel zerdrückt

───────

TOPPING: 1 EL Pistazien mit Honig (s. S. 11)
1 EL Walnuss-Mohn-Knusper (s. S. 10) • 1 TL Sesam

Hirse enthält Serotonin. Dieser auch als »Glückshormon« bekannte
Neurotransmitter bestitzt eine beruhigende Wirkung.

GH *Gut für die Haut* **P** *Proteinreich* **SK** *Stärkt die Knochen*

Haferflocken, Hirse, Mandeldrink, Datteln, Mandeln, Haselnüsse
und Cashewmus in einer Schüssel mischen. Dann abgedeckt über Nacht im
Kühlschrank quellen lassen. Am nächsten Morgen den Joghurt unterrühren.
Das Heidelbeerpüree in ein Glas füllen und die Flockenmischung daraufgeben.
Als Topping Pistazien mit Honig, Walnuss-Mohn-Knusper und
Sesam darauf anrichten.

HEIDELBEEREN & KURKUMA

Für 2 Personen – Zubereitung: 5 Minuten, plus über Nacht Quellen

ZUTATEN
90 g zarte Haferflocken • 360 ml Mandeldrink
2 EL getrocknete Heidelbeeren • 1 Banane, zerdrückt • Saft von 1 Zitrone
1 TL gemahlene Kurkuma • 160 g Kokosjoghurt

———————

TOPPING: 1 EL Buchweizen-Sesam-Streusel (s. S. 10) • 1 EL Heidelbeeren

Kurkuma enthält Curcumin. Dieser Farbstoff wirkt nachweislich
bei der Reparatur von Nervenzellen mit.

EH *Entzündungshemmend*   **FD** *Fördert die Durchblutung*   **V** *Vitaminreich*

Jeweils die Hälfte von Haferflocken, Mandeldrink, getrockneten Heidelbeeren,
Banane und Zitronensaft in zwei Schüsseln geben und verrühren. Die
Kurkuma unter eine Portion rühren, dann beide Mischungen abgedeckt über
Nacht im Kühlschrank quellen lassen. Am nächsten Morgen den Kokosjoghurt
unter den Kurkumamix rühren und die Kurkumareme in zwei Gläser füllen.
Die Flockenmischung darauf verteilen und als Topping Buchweizen-
Sesam-Streusel und Heidelbeeren darauf anrichten.

AÇAÍBEEREN & LEINSAMEN

Für 1 Person – Zubereitung: 5 Minuten, plus über Nacht Quellen

ZUTATEN

45 g zarte Haferflocken • 100 ml Mandeldrink
1½ EL Açaípulver • 1 Apfel, geraspelt • 1 EL geschroteter Leinsamen
80 g Joghurt • 2 EL Kokosjoghurt

TOPPING: 1 EL Quinoa-Sonnenblumen-Crisp (s. S. 10)

Açaíbeeren versorgen den Körper mit Vitamin B sowie mit Ballaststoffen, Proteinen und dem Mineralstoff Kalium.

M *Mineralstoffreich* **P** *Proteinreich* **V** *Vitaminreich*

Haferflocken, Mandeldrink, 1 EL Açaípulver, Apfel, Leinsamen und 80 ml Wasser in einer Schüssel mischen. Dann abgedeckt über Nacht im Kühlschrank quellen lassen. Am nächsten Morgen Joghurt, Kokosjoghurt und das restliche Açípulver (½ EL) unterrühren. Die Flockenmischung in ein Glas füllen und als Topping Quinoa-Sonnenblumen-Crisp darauf anrichten.

CHIA & GRANATAPFEL

Für 1 Person − Zubereitung: 5 Minuten, plus über Nacht Quellen

ZUTATEN

45 g zarte Haferflocken • 180 ml Mandeldrink
1 EL Chiasamen • 40 g Joghurt

———

TOPPING: 1 EL Granatapfelkerne • 5 Himbeeren
1 EL Buchweizen-Sesam-Streusel (s. S. 10)

Die Kerne des Granatapfels helfen, Ablagerungen in den Arterien abzubauen.
Damit verbessern sie die Durchblutung.

FV *Fördert die Verdauung* **SI** *Stärkt das Immunsystem* **V** *Vitaminreich*

Haferflocken, Mandeldrink und Chiasamen in einer Schüssel mischen.
Dann abgedeckt über Nacht im Kühlschrank quellen lassen. Am nächsten
Morgen die Flockenmischung in ein Glas füllen und den Joghurt daraufgeben.
Als Topping Granatapfelkerne, Himbeeren und Buchweizen-Sesam-
Streusel darauf anrichten.

CASHEWKERNE & ZIMT

Für 1 Person — Zubereitung: 5 Minuten, plus über Nacht Quellen

ZUTATEN

45 g zarte Haferflocken • 180 ml Cashewdrink
2 EL Cashewmus • 2 getrocknete Medjool-Datteln, entsteint und gewürfelt
½ TL gemahlener Zimt • 80 g Joghurt

———————

CASHEWCREME: 1 EL Joghurt • 1 TL Cashewmus

———————

TOPPING: 1 Aprikose, gewürfelt • 1 EL Pekannüsse mit Zimt (s. S. 11)

Cashewkerne sind reich an Kupfer. Dieser Mineralstoff stärkt
Nerven, Knochen und Immunsystem.

 **FV** *Fördert die Verdauung* **P** *Proteinreich* **SK** *Stärkt die Knochen*

Haferflocken, Cashewdrink, Cashewmus, Datteln und Zimt in einer Schüssel
mischen. Dann abgedeckt über Nacht im Kühlschrank quellen lassen. Am
nächsten Morgen den Joghurt unterrühren. Für die Cashewcreme Joghurt
und Cashewmus verrühren. Die Hälfte der Creme in ein Glas füllen, die
Flockenmischung daraufgeben und mit der restlichen Cashewcreme bedecken.
Als Topping Aprikosenwürfel und Pekannüsse mit Zimt darauf anrichten.

PEKANNÜSSE & PFLAUMEN

Für 1 Person — Zubereitung: 5 Minuten, plus über Nacht Quellen

ZUTATEN

45 g zarte Haferflocken • 180 ml Mandeldrink • 1 EL Chiasamen
2 getrocknete Pflaumen, gewürfelt • 80 g Joghurt

―――――――――

PFLAUMENPÜREE: 1 Pflaume, entsteint

―――――――――

TOPPING: 1 EL geschälte Hanfsamen • 1 EL Pekannüsse mit Zimt (s. S. 11)

146

Pflaumen enthalten reichlich Vitamin C. Es schützt den Körper vor Infektionen und fördert die Aufnahme von Eisen.

EH *Entzündungshemmend* **FV** *Fördert die Verdauung* **V** *Vitaminreich*

Haferflocken, Mandeldrink, Chiasamen und getrocknete Pflaumen in einer Schüssel mischen. Dann abgedeckt über Nacht im Kühlschrank quellen lassen. Am nächsten Morgen den Joghurt unterrühren. Für das Pflaumenpüree die Pflaume im Mixer pürieren und in ein Glas füllen. Die Flockenmischung daraufgeben und als Topping Hanfsamen und Pekannüsse mit Zimt darauf anrichten.

KAKAO & ERDNUSS

Für 1 Person — Zubereitung: 5 Minuten, plus über Nacht Quellen

ZUTATEN

45 g zarte Haferflocken • 180 ml Haselnussdrink • 1 EL Erdnussmus
1 EL Kakaopulver • 2 getrocknete Medjool-Datteln, entsteint und gewürfelt • 80 g Joghurt

---

BROMBEERPÜREE: 40 g Brombeeren, mit einer Gabel zerdrückt

TOPPING: 1 EL Leinsamen-Feigen-Granola (s. S. 10) • 1 TL Kakaonibs

Brombeeren sind reich an Antioxidanzien. Die sind übrigens auch für die intensive Farbe der Beeren verantwortlich.

EH *Entzündungshemmend* **M** *Mineralstoffreich* **V** *Vitaminreich*

Haferflocken, Haselnussdrink, Erdnussmus, Kakao und Datteln in einer Schüssel mischen. Dann abgedeckt über Nacht im Kühlschrank quellen lassen. Am nächsten Morgen den Joghurt unterrühren. Die Hälfte vom Brombeer-püree in ein Glas füllen, die Flockenmischung daraufgeben und mit dem restlichen Püree bedecken. Als Topping Leinsamen-Feigen-Granola und Kakaonibs darauf anrichten.

HIMBEEREN & MANDEL

Für 1 Person — Zubereitung: 5 Minuten, plus über Nacht Quellen

ZUTATEN
45 g zarte Haferflocken • 1 EL Chiasamen
180 ml Mandeldrink • 80 g Joghurt

────────

HIMBEERPÜREE: 1 Handvoll Himbeeren, mit einer Gabel grob zerdrückt

────────

TOPPING: 1 EL gefriergetrocknete Himbeeren • 2 EL Joghurt
5 Himbeeren • 1 EL Pistazien mit Honig (s. S. 11)

Himbeeren enthalten Flavonoide. Diese Pflanzenfarbstoffe
stärken das Gedächtnis.

EH *Entzündungshemmend* **SI** *Stärkt das Immunsystem* **V** *Vitaminreich*

Haferflocken, Chiasamen und Mandeldrink in einer Schüssel mischen. Dann
abgedeckt über Nacht im Kühlschrank quellen lassen. Am nächsten Morgen
den Joghurt unterrühren. Das Himbeerpüree in ein Glas füllen und die
Flockenmischung daraufgeben. Für das Topping gefriergetrocknete Himbeeren
und Joghurt verrühren und auf der Flockenmischung verteilen. Himbeeren
und Pistazien mit Honig darauf anrichten.

PROTEINBOMBE

Für 1 Person — Zubereitung: 5 Minuten, plus über Nacht Quellen

ZUTATEN

25 g zarte Haferflocken • 20 g Buchweizenflocken
180 ml Mandeldrink • 1 EL Mandelmus • 1 EL Proteinpulver
1 TL Sonnenblumenkerne • 1 TL Kürbiskerne • 80 g Joghurt

———————

TOPPING: 1 EL Cashewmus • 2 EL Joghurt • ¼ Apfel, geraspelt
1 EL Quinoa-Sonnenblumen-Crisp (s. S. 10) • 1 TL grob gehackte Mandeln

Quinoa ist eine sehr wertvolle Proteinquelle, denn die kleinen Körnchen enthalten alle essenziellen Aminosäuren.

GH *Gut für die Haut*   **M** *Mineralstoffreich*   **P** *Proteinreich*

Haferflocken, Buchweizenflocken, Mandeldrink, Mandelmus, Proteinpulver, Sonnenblumen- und Kürbiskerne in einer Schüssel mischen. Dann abgedeckt über Nacht im Kühlschrank quellen lassen. Am nächsten Morgen den Joghurt unterrühren und die Mischung in ein Glas füllen. Für das Topping Cashewmus und Joghurt verrühren und auf der Flockenmischung verteilen. Apfelraspel, Quinoa-Sonnenblumen-Crisp und Mandeln darauf anrichten.

MANGO & INGWER

Für 1 Person — Zubereitung: 5 Minuten, plus über Nacht Quellen

ZUTATEN

45 g zarte Haferflocken • 1 EL Chiasamen
180 ml Mandeldrink • ½ Mango, gewürfelt
1 Stück in Sirup eingelegter Ingwer (aus dem Glas), fein gewürfelt • 80 g Joghurt

———————

MANGOPÜREE: ½ Mango

———————

TOPPING: 2 EL Kokosjoghurt • 1 EL Leinsamen-Feigen-Granola (s. S. 10)
1 TL Kokoschips, geröstet

Mango fördert die Verdauung, denn die Tropenfrucht liefert Enzyme, die bei der Aufspaltung von Proteinen mithelfen.

Haferflocken, Chiasamen, Mandeldrink, Mangowürfel und Ingwer in einer Schüssel mischen. Dann abgedeckt über Nacht im Kühlschrank quellen lassen. Am nächsten Morgen den Joghurt unterrühren und die Mischung in ein Glas füllen. Für das Püree die Mango im Mixer pürieren. Das Mangopüree auf der Flockenmischung verteilen. Als Topping Kokosjoghurt, Leinsamen-Feigen-Granola und Kokoschips darauf anrichten.

APRIKOSEN & HANF

Für 1 Person — Zubereitung: 5 Minuten, plus über Nacht Quellen

ZUTATEN

20 g zarte Haferflocken • 25 g Buchweizenflocken
1 EL geschälte Hanfsamen • 80 g Joghurt

APRIKOSENPÜREE: 2 Aprikosen, entsteint

TOPPING: 1 EL Hanfsamen • 1 EL Pistazien mit Honig (s. S. 11)

Hanfsamen sind ein wertvoller Proteinlieferant. Sie enthalten essenzielle Aminosäuren, die Knochen und Zellen gesund halten.

FV *Fördert die Verdauung* **SI** *Stärkt das Immunsystem* **V** *Vitaminreich*

Haferflocken, Buchweizenflocken, Hanfsamen und 180 ml Wasser in einer Schüssel mischen. Dann abgedeckt über Nacht im Kühlschrank quellen lassen. Am nächsten Morgen den Joghurt unterrühren. Für das Püree die Aprikosen und 2 EL Wasser im Mixer fein pürieren. Das Aprikosenpüree in ein Glas füllen und die Flockenmischung daraufgeben. Als Topping Hanfsamen und Pistazien mit Honig darauf anrichten.

REGISTER

Penguin Random House

Für die englische Ausgabe
Autor Fern Green
Projektleitung Catie Ziller
Projektbetreuung Kathy Steer
Gestaltung Alice Chadwick
Fotos Deirdre Rooney

Für die deutsche Ausgabe
Programmleitung Monika Schlitzer
Redaktionsleitung Anne Heinel
Projektbetreuung Jessica Kleppel
Herstellungsleitung Dorothee Whittaker
Herstellungskoordination Arnika Marx
Herstellung Claudia Bürgers

Titel der französischen Originalausgabe:
Green Porridge – La Bible

© Hachette Livre (Marabout),
Vanves Cedex, 2017
Alle Rechte vorbehalten.
The moral right of the author has been asserted.

© der deutschsprachigen Ausgabe
by Dorling Kindersley Verlag GmbH,
München, 2019
Ein Unternehmen der
Penguin Random House Group
Alle deutschsprachigen Rechte vorbehalten.

Übersetzung Wiebke Krabbe
Lektorat Petra Teetz

ISBN 978-3-8310-3733-9

Druck und Bindung
Toppan Leefung, China

MIX
Papier aus verantwor-
tungsvollen Quellen
FSC
www.fsc.org   FSC® C104723

www.dorlingkindersley.de

Zu den Ofentemperaturen
Die angegebenen Temperaturen gelten für Ober-
und Unterhitze. Beim Backen mit Heißluft- und
Umluftherden müssen Sie die Temperatur um
etwa 20 °C reduzieren. Bitte beachten Sie dazu die
Gebrauchsanweisung Ihres Backofens und garen Sie
stets in der Ofenmitte.

Hinweis
Die Informationen und Ratschläge in diesem Buch
sind von der Autorin und vom Verlag sorgfältig
erwogen und geprüft, dennoch kann keine Garantie
nicht übernommen werden. Eine Haftung der
Autorin bzw. des Verlags und seiner Beauftragten
für Personen-, Sach- und Vermögensschäden ist
ausgeschlossen.